国家级职业教育规划教材
全国中等职业学校会计专业教材

(第2版)

出纳实务

人力资源社会保障部教材办公室　组织编写
林彤　主编

中国劳动社会保障出版社

简　介

本教材为国家级职业教育规划教材。

本教材主要内容包括：出纳岗位认知、出纳基本技能、现金业务、银行存款业务、常用支付结算方法。教材系统地介绍了出纳岗位所需掌握的基础理论知识，并结合实际讲解出纳人员所应掌握的各项基本技能，文字简练，内容实用。

本教材由林彤担任主编，宋慧霞担任副主编，李文丽参与编写。

图书在版编目（CIP）数据

出纳实务 / 林彤主编．-- 2版．-- 北京：中国劳动社会保障出版社，2018
全国中等职业学校会计专业教材
ISBN 978-7-5167-3498-8

Ⅰ．①出…　Ⅱ．①林…　Ⅲ．①出纳－会计实务－中等专业学校－教材　Ⅳ．①F231.7

中国版本图书馆CIP数据核字（2018）第179674号

中国劳动社会保障出版社出版发行
（北京市惠新东街1号　邮政编码：100029）
*
三河市华骏印务包装有限公司印刷装订　新华书店经销
787毫米×1092毫米　16开本　10.5印张　176千字
2018年8月第2版　2021年6月第4次印刷
定价：23.00元

读者服务部电话：（010）64929211/84209101/64921644
营销中心电话：（010）64962347
出版社网址：http://www.class.com.cn
http://jg.class.com.cn

前　言

全国中等职业学校会计专业教材自出版以来，在学校教学中发挥了重要作用。近年来随着会计行业的发展变化，企业对从业人员的知识水平和职业能力提出了更高的要求。为适应这一变化，满足学校培养人才的需求，我们组织一批教学经验丰富、实践能力强的教师与行业、企业专家，在充分调研的基础上，对现有教材进行了修订。

本次教材修订工作的重点主要体现在以下几个方面：

◆ 更新教材内容。根据近年来会计政策和法规的变化，调整、更新了企业会计准则以及增值税、营业税等税收法规的内容；补充了会计理论的最新知识，强调了互联网时代在会计记账、核算、报税过程中对新技术和新设备的应用；完善了最新会计软件的操作方法，使得教材内容更加具有前瞻性，符合时代发展特点。

◆ 强化职业技能和职业素质培养。教材进一步加大技能训练的比重，在涉及到记账、出纳、成本核算、纳税等主要会计技能的教材中，更多地加入实践题例和操作指导，方便教师开展一体化教学。同时，将与会计行业相关的职业道德、职业操守等内容融入到教学知识、课堂问答、课后训练等各环节，以加强对学生职业素质的培养。

◆ 提升教材表现力。通过设置案例分析、知识链接、能力提示等不同栏目，增加教材的亲和力，激发学生的学习兴趣。同时，尽可能多地以图表代替冗长的文字叙述，使教材更加生动，易于学习。

◆ 加强立体化资源建设。习题册修订和教材修订同步进行，同时补充开发配套的电子课件。习题册答案及电子课件可登录 zyjy.class.com.cn，搜索相应的书目，在相关资源中下载。

本套教材的编写得到了有关学校的大力支持，教材的编审人员做了大量的工作，在此，我们表示衷心的感谢！同时，恳切希望广大读者对教材提出宝贵的意见和建议。

人力资源社会保障部教材办公室

目　录

CONTENTS

第一章 出纳岗位认知

学习目标

- 了解出纳的概念、出纳工作的特点
- 熟悉出纳工作的内容、原则
- 熟悉出纳机构的设置、出纳员的职责权限
- 掌握出纳的核算方法及账务处理程序

本章作为全书的开始，主要介绍出纳的概念、出纳工作的特点及内容、出纳员的职责权限以及一名合格的出纳员应具备的素质，从理论上做一些指导性工作，为以后各章的业务学习和技能训练打下良好的基础。

第一节 出纳工作

一、出纳的概念

出纳就其字义来讲，“出”意指支出，“纳”意指收进、接受。出纳作为一个名词，运用在不同的场合有不同的含义。在日常生活中，出纳包括两层含义，即出纳工作和从事出纳工作的人员（出纳员）。

1. 出纳工作的概念

出纳工作，是按照国家有关规定和企业的规章制度，办理本单位的现金收付、银行结算有关账务，保管库存现金、有价证券、财务印章及有关票据等工作的总称。出纳工作有广义和狭义之分。

（1）广义的出纳工作

广义的出纳工作既包括各单位会计部门专设出纳机构的出纳员，也包括其他业务部门的各类收款员（收银员）从事的各项货币资金收付、保管工作，也包括其他部门的货币资金收付、保管等方面的工作。

（2）狭义的出纳工作

狭义的出纳工作仅指各单位会计部门专设的出纳岗位或出纳员的各项工作。

2. 出纳员的概念

出纳员是指从事出纳工作的会计人员。出纳员有广义和狭义之分。

（1）广义的出纳员

广义的出纳员既包括各单位会计部门设置的出纳员，也包括各业务部门的各类收款员（收银员）、工资发放员（专职或兼职）。

（2）狭义的出纳员

狭义的出纳员仅指各单位会计部门的出纳员。

二、出纳工作的特点

出纳工作的特点见表 1—1。

表 1—1　　出纳工作的特点

特点	内　容
基础性	出纳工作是整个会计工作最基础的环节，是会计核算工作的起点。因为各单位的资金运动都必须由现金或银行存款的收付业务开始，各单位记账凭证必须根据原始凭证编制
频繁性	由于货币资金渗透于社会经济生活的各个领域，最容易流动和被人们普遍接受，所以，企事业经济业务频繁出现导致现金和银行存款业务频繁发生、大量存在，而且许多情况下这些经济业务都是借助于出纳工作来完成的
责任性	一方面，由于现金和银行存款收支频繁，工作量较大，涉及人员多，容易产生收付数额方面的差错；另一方面，出纳员担负着保证单位货币财产安全的责任，是单位的管家之一，因此，出纳是一项责任性较强的工作
专业性	出纳作为会计工作的一个重要岗位，有专门的操作技术和工作规则。例如，原始凭证如何填写、日记账如何登记都很有学问，甚至保险柜的使用与管理也很有讲究，因此，出纳工作是一项专业性较强的工作
政策性	出纳工作的每一环节都必须依照国家规定进行，《会计法》《会计基础工作规范》《支付结算管理办法》《票据法》《人民币银行存款账户管理办法》等法规对出纳工作提出具体规定和要求，因此，出纳工作是一项政策性较强的工作
时间性	每家企业工资发放时间、税款缴纳时间、货款结算时间等都有严格的要求，一天都不能延误，因此，出纳工作是一项时间性较强的工作

三、出纳工作的内容

出纳日常工作主要包括货币资金的收支和核算、货币资金收支的监督两个方面的内容，具体见表 1—2。

表 1—2　　出纳工作的内容

内容	具体内容	说　明
货币资金的收支和核算	货币资金的收支与记录	● 做好现金收付的核算 ● 做好银行存款的收付核算 ● 认真登记日记账，保证日清月结 ● 保管库存现金和有价证券 ● 保管有关印章，登记注销支票 ● 复核收入凭证，办理销售结算
	结算往来	● 办理往来结算，建立清算制度 ● 管理企业的备用金 ● 核算其他往来款项，防止坏账损失
	工资核算	● 执行工资计划，监督工资使用 ● 审核工资单据，发放工资奖金 ● 负责工资核算，提供工资数据
货币资金收支的监督	为了保证货币资金收支的安全，必须对其实施有效的监督。出纳监督工作主要是依据国家有关的法律法规和企业的规章制度，在维护财经纪律、执行会计制度的工作权限内，监督有关人员特别是本企业人员，要严格按照财经法规进行，违反规定的业务一律拒绝办理，以保证出纳工作的合法性、合理性，保护单位的经济利益不受侵害	

四、出纳工作的原则

出纳工作的基本原则主要指“内部牵制原则”或者说“钱账分管原则”。钱账分管原则是指凡是涉及款项和财物收付、结算及登记的任何一项工作，必须由两人或两人以上分工办理，以起到相互制约作用，即管钱的不管账，管账的不管钱。实行钱账分管，主要是为了加强会计人员相互制约、相互监督、相互核对，提高会计核算质量，防止工作误差和营私舞弊等行为。

《会计法》规定，出纳人员不得兼任稽核、会计档案保管和收入、支出、费用、债权债务账目的登记工作。

知识链接

出纳与会计的关系

出纳工作是整个会计工作中的重要一环，出纳员又是会计人员中不可缺少的部分。可以这样讲，如果一家单位只有两名会计人员，其中一名必定是出纳员；如果只有一名会计人员（委托代理记账），那么必定是出纳员。

从广义上讲，会计包括出纳和狭义上的会计。从狭义上讲，会计是相对出纳以外的会计核算人员；出纳与其他会计人员是一种分工协作、相互依存与相互制约的关系。

第二节　出纳机构与人员

一、出纳机构的设置与人员配备

1. 出纳机构的设置

出纳机构的设置见表 1—3。

表 1—3　出纳机构的设置

机构设置	说　明
设置结算中心	有些集团公司，为了提高资金有效管理和总体利用的效率，把若干分公司的出纳业务集中起来办理，成立专门的内部“结算中心”，这种“结算中心”实际上也是出纳机构
设置出纳组、出纳室	企业在会计部门内部设置出纳组、出纳室
不设置相关机构	规模小、人员少、业务简单的企业不设置出纳机构，只指定一名专职或兼职出纳员，办理出纳业务

2. 出纳人员配备

一般情况下，实行独立核算的企业、单位，在银行开户的单位，有经常性现金收入和支出业务的企业、单位都应配备专职或兼职出纳员担任本单位的出纳工作。

出纳人员配备的多少，主要取决于该单位出纳业务量的多少和繁简。规模较大的单位可设一岗多人并进行合理分工，规模小、人员较少、业务简单的单位可设一人一岗或设兼职出纳。

二、出纳员的职责与权限

1. 出纳员的职责

（1）按照国家有关现金管理和银行结算制度的规定，办理现金收付和银行结算业务。

（2）按照会计制度的规定，严格审核有关凭证，做好各种出纳账的登记。

（3）按照国家外汇管理和结汇、购汇制度的规定及有关批件，办理外汇出纳业务。

（4）按照银行结算账户管理的规定，严格管理支票和银行账户的使用，掌握银行存款余额。

（5）保管库存现金和各种有价证券（如国库券、债券、股票等）的安全与完整。

（6）保管有关印章、空白收据和空白支票。

2. 出纳员的权限

（1）维护财经纪律，执行财会制度，抵制不合法收支和弄虚作假行为。

（2）参与货币资金计划定额管理。出纳工作不是简单的货币资金收付，出纳员还应参与货币资金的计划制订，提出合理利用资金的意见和建议，及时提供货币资金使用与周转信息，管好、用好资金。

三、对出纳员的基本要求

出纳岗位是一种十分特殊的会计工作岗位，出纳机构素有各单位的“结算中心”“金融中心”“金库”等称呼。对出纳员的基本要求见表 1—4。

表 1—4　对出纳员的基本要求

基本要求	说　明
政策水平高	出纳工作涉及现金管理、银行结算、成本费用报销、税收管理等，所以，做好出纳工作的前提就是掌握财经方面的法律法规，提高自己的政策水平
业务技能熟	出纳员不但要具备处理一般会计事务的财会专业基本知识，而且要有很强的操作技能，如打算盘、使用计算机、填票据、点钞票、数字运算等，都需要深厚的基本功。“台上一分钟，台下十年功”，这对出纳工作来说是十分适用的
职业道德修养好	出纳员应具备良好的职业道德，忠于职守，廉洁奉公，遵纪守法，客观公正
安全意识强	出纳员保管着企业的现金、有价证券、票据、各种印鉴等，稍有不慎，就会造成损失。所以，出纳员必须增强自身的安保意识，学习安保知识，认真配合安保部门的工作，做好自身分管的财务工作

第三节　出纳核算方法及账务处理程序

一、出纳核算方法

出纳核算方法是完成出纳任务的手段。由于出纳工作是会计工作的一个环节，因此，出纳核算方法与整个会计核算方法基本相同，这就是人们平时所说的出纳也要懂会计。但是，出纳核算方法的具体内容与会计核算方法有所不同，具体如下。

1. 设置账户

设置账户是指对出纳的具体内容进行分类反映和监督的一项专门方法。就出纳核算的内容而言，要对现金、银行存款、有价证券分门别类设置账户进行记录和核算。

2. 复式记账

复式记账是对每一项经济业务应在两个或两个以上相关账户中登记的一种记账方法。目前，我国企业均采用“借贷记账法”进行记账。

3. 填制和审核会计凭证

会计凭证是指记录经济业务的发生、明确经济责任的书面证明，是登记账簿的凭据。会计凭证分为两类，即原始凭证和记账凭证。

（1）原始凭证

原始凭证又称为原始单据，是需在经济业务发生或完成时取得或填制的，用以记录、证明经济业务已经发生或完成的原始证明，是进行会计核算的原始资料。

有些原始凭证是在经济业务发生或完成时，从其他单位或个人处取得的，如购货发票、银行转来的收账通知、付款通知、出差时取得的车票、住宿发票等，称为外来原始凭证。

有些原始凭证是在经济业务发生或完成时，由本单位内部经办人员自行填制的，如本单位签发的支票、员工出差时填写的借款单、出差人员返回后填写的报销单、销售人员填写的销货发票等，称为自制原始凭证。

（2）记账凭证

记账凭证又称记账凭单，是会计人员根据审核无误的原始凭证，按照经济业务的内容加以归类，并据以确定会计分录后所填制的会计凭证，它是登记账簿的直接依据。

4. 登记账簿

登记账簿又称为过账，是根据凭证在账簿上连续、系统、全面地记录经济业务的一种专门方法。

设置必要的账簿，并按照一定的记账方法和程序登记，同时定期结账和对账，保证提供正确的核算资料，是出纳工作一项重要的具体内容。

5. 财产清查

财产清查是指通过实物盘点和账目核对来查明各项资产实有数额的一种专门方法。

为了保证出纳核算资料的真实性，保证账存数和实存数一致，出纳员要每天清点核对库存现金，经常与银行进行账目核对，适时清点核对库存各种有价证券和结算票据。

6. 编制出纳报告

出纳报告是指根据库存现金日记账、银行存款日记账、有价证券明细账、银行对账单等核算资料，定期编制的书面文件，报告本单位一定时期库存现金、银行存款、有价证券的收支结存情况，并与总账会计核对。

二、出纳账务处理程序

账务处理程序即处理业务的程序，是指以账簿体系为核心，将会计凭证、会计账簿、会计报表、记账程序和记账方法有机结合起来的技术组织形式。

出纳业务的基本程序如图 1—1 所示。

1. 根据原始凭证或汇总原始凭证填制收款凭证、付款凭证。

2. 根据收款凭证、付款凭证逐笔登记库存现金日记账、银行存款日记账、有价证券明细账。

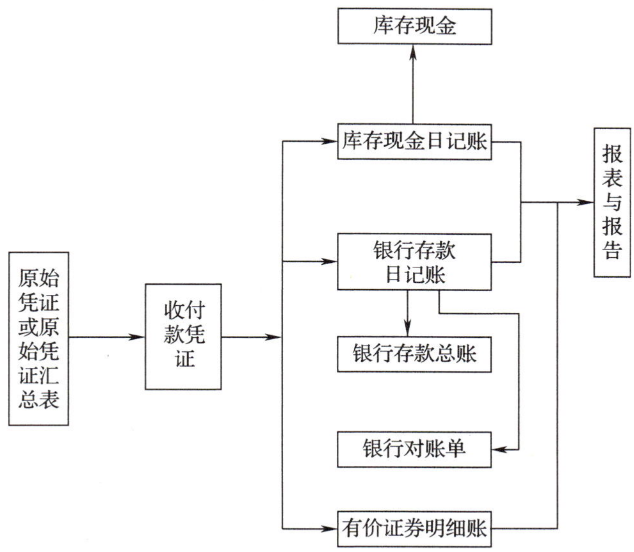

图 1—1　出纳业务的基本流程

3. 库存现金日记账的余额与库存现金每天进行核对，与现金总账定期进行核对。

4. 银行存款日记账与开户银行出具的银行对账单进行核对，至少每月核对一次。银行存款日记账的余额与银行存款总账定期核对，有价证券明细账与有价证券总账定期核对。

5. 根据库存现金日记账、银行存款日记账、有价证券明细账、开户银行出具的对账单等，定期或不定期编制出纳报告或报表，提供出纳核算信息。

练习题

一、单选题

1. 出纳工作是整个会计工作最（　　）的环节。

A. 重要　　B. 基本　　C. 关键　　D. 基础

2. 实行钱账分管，主要是为了加强会计人员（　　）、相互监督和相互核对。

A. 相互控制　　B. 相互牵制　　C. 相互督促　　D. 相互制约

3. 出纳是会计工作的重要环节，涉及的是现金收付和（　　）等活动。

A. 采购业务　　B. 销售业务　　C. 生产过程　　D. 银行结算

二、多选题

1. 广义的出纳员既包括各单位会计部门设置的出纳员，也包括各业务部门的各类（　　）。

A. 采购员　　B. 收款员　　C. 工资发放员　　D. 办事员

2. 下列属于出纳工作特点的是（　　）。

A. 专业性　　B. 频繁性　　C. 责任性　　D. 政策性

3. 对出纳员的基本要求包括（　　）。

A. 政策水平高　　B. 业务技能熟

C. 职业道德修养好　　D. 安全意识强

三、判断题

1. 出纳的含义，是指从事出纳工作的人员。（　　）

2. 狭义的出纳员仅指各单位会计部门的出纳员。（　　）

3. 出纳工作的每一环节都必须依照国家规定进行。（　　）

4. 为精简人员，出纳人员可兼任稽核、会计档案保管和收入、支出、费用、债权债务账目的登记工作。（　　）

5. 出纳核算方法是完成出纳任务的手段。（　　）

四、简答题

1. 什么是出纳？怎样理解出纳？

2. 出纳工作有哪些特点？

3. 出纳核算的方法有几种？

4. 一名合格的出纳员应具备哪些条件？达到什么样的要求？

第二章
出纳基本技能

学习目标

- 掌握小写数字金额和大写数字金额的书写规范
- 掌握真假人民币的识别与处理方法
- 掌握票币整点方法
- 掌握错误查找方法

“台上一分钟，台下十年功”，这句话对出纳员来说非常适用，因为出纳本身就是一项需要很强操作技巧的工作。对出纳员来说，日常工作中书写数据、清点现金、识别人民币真伪等都需要有深厚的基本功，否则，就很容易出现差错或造成工作效率低下。

第一节　数字书写规范

一、小写金额数字的书写

1. 小写金额数字规范形态

小写金额数字必须紧靠印刷的底线书写，其高度应占全格的二分之一，向右倾斜 45° ~60° ；书写 6 时按照一般数字的高度向右上方高出四分之一；书写 7 和 9 时比其他数字的高度低些，向左下方（过底线）长出四分之一。其规范书写如图 2—1 所示。

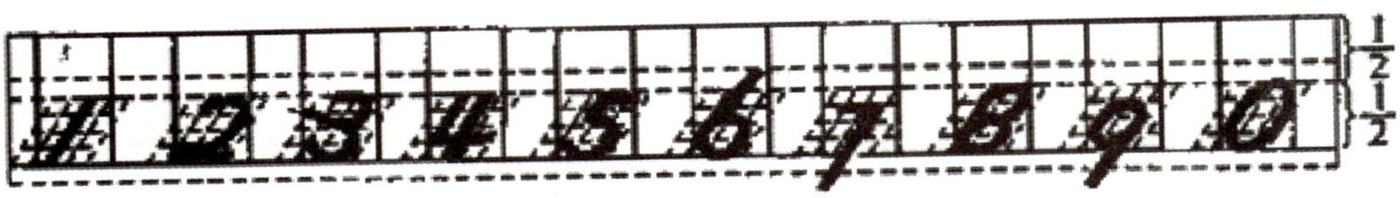

图 2—1　小写金额数字规范书写

2. 小写金额数字书写要求

（1）小写数字应从左到右一个一个地写，不得连笔写。要让使用者一目了然。

（2）书写数字时，每一个数字都要占有一个位置，这个位置称为数位。

（3）除“4、5”外，必须一笔写成，不能人为增加数字的笔画。书写“6”时，下圆要明显，并将格子占满，书写“0、6、8、9”时，圆圈必须封口。

（4）小写金额数字前应当书写货币币种符号（如人民币符号“¥”）或者货币名称简写和币种符号。 币种符号与小写金额数字之间不得留有空白，凡在小写金额数字前面写有币种符号的，数字后面不再写货币单位（如人民币“元”），如 ¥198.21。

（5）所有以元为单位（其他货币种类为货币基本单位，下同）的阿拉伯数字，除表示单价等情况外， 一律在元位小数点后填写到角分，无角分的，角、分位可写“00”或符号“—”，有角无分的，分位应写“0”，不得用符号“—”

代替，如 ¥3,200.00（或 ¥3,200—）、¥657.30。

二、大写金额数字的书写

1. 大写金额数字书写形态

大写金额数字的文字笔画多，不易涂改，主要用于填写需要防止涂改的销货发票、银行结算凭证、借据等信用凭证。书写时要准确、清晰、工整、美观。

大写金额用汉字书写数字：零、壹、贰、叁、肆、伍、陆、柒、捌、玖、拾、佰、仟、万、亿。

2. 大写金额数字书写规范

（1）大写金额数字一律用正楷或者行书体书写，要书写清晰。

（2）大写金额数字不得用〇、一、二（两）、三、四、五、六、七、八、九、十、百、千来代替，不得任意自造简化字，不得用毛代替角。

（3）大写金额数字到元或者角为止的，在“元”或“角”之后写“整”或“正”字；大写金额有分的，“分”字后面可以不写“整”或“正”字。

（4）大写金额前未印有货币名称的，应当加填货币名称，货币名称与金额数字之间不得留有空白。

（5）小写金额数字之间有“0”时，汉字大写金额要写“零”字，同时要注意下列几点：

1）小写金额数字中间连续有几个 0 时，汉字大写金额中间可以只写一个“零”字。

2）小写金额数字“万”位或“元”位是“0”，或者数字中间连续有几个“0”，“万”位、“元”位也是“0”，但“千”位、“角”位不是“0”时，汉字大写金额中可以只写一个“零”字，也可以不写“零”字。

3）小写金额数字“角”位是“0”，而“分”位不是“0”时，汉字大写金额中“元”位后面必须写“零”字。

（6）大写金额“拾”“佰”“仟”“万”等表示数字的位置，“壹”“贰”“叁”等表示数字的量，数位前面必须冠有数量字，不得省略。特别是壹拾几的“壹”字，由于人们习惯把“壹拾几”读作“拾几”，所以，书写大写金额数字时，很容易将“壹”字漏掉。

3. 大写金额数字常见书写错误及原因

大写金额数字常见书写错误及原因见表2—1。

表2—1　　　　大写金额数字常见书写错误及原因

小写金额数字	大写金额数字		错误原因
	正确写法	错误写法	
¥3,200.00	人民币叁仟贰佰元整	人民币叁仟两佰元整	用“两”代替“贰”
	人民币叁仟贰佰元正		
¥5,068.00	人民币伍仟零陆拾捌元整	人民币伍仟另陆拾捌元正	用“另”代替“零”
	人民币伍仟零陆拾捌元正		
¥173.96	人民币壹佰柒拾叁元玖角陆分	人民币壹佰柒拾叁元玖毛陆分	用“毛”代替“角”
¥6,200.00	人民币陆仟贰佰元整	人民币：陆仟贰佰元整	人民币后面多写了一个“：”（冒号）
¥1,307.00	人民币壹仟叁佰零柒元正	壹仟叁佰零柒元正	少写了“人民币”3个字
¥800.00	人民币捌佰元整	人民币　捌佰元整	人民币与大写金额之间留有空格
¥1,680.32	人民币壹仟陆佰捌拾元零叁角贰分	人民币壹仟陆佰捌拾零元叁角贰分	“零”字的用法错误
	人民币壹仟陆佰捌拾元叁角贰分		
¥207,000.53	人民币贰拾万零柒仟元零伍角叁分	人民币贰拾万零柒仟零伍角叁分	缺少“元”字
	人民币贰拾万柒仟元伍角叁分		
¥16,409.02	人民币壹万陆仟肆佰零玖元零贰分	人民币壹万陆仟肆佰零玖元贰分	“元”字后少写“零”字
¥325.04	人民币叁佰贰拾伍元零肆分	人民币叁佰贰拾伍元肆分	“元”字后少写“零”字

续表

小写金额数字	大写金额数字		错误原因
	正确写法	错误写法	
¥100,000.00	人民币壹拾万元整	人民币拾万元整	少写“壹”字
¥26,418.00	人民币贰万陆仟肆佰壹拾捌元正	人民币贰万陆仟肆佰拾捌元正	少写“壹”字

第二节 人民币防伪及鉴别

一、人民币的有关知识

人民币是中华人民共和国的法定货币。中国人民银行自 1948 年 12 月 1 日成立时发行第一套人民币，至今已发行了五套。

第一套人民币：从 1948 年 12 月 1 日开始发行，共发行 12 种面额，没有主辅币之分。1955 年 5 月 10 日起停止在市场上流通。

第二套人民币：从 1955 年 3 月 1 日开始发行，共发行 11 种面额，有主辅币之分，自 1999 年 1 月 1 日起停止在市场上流通。

第三套人民币：从 1962 年 4 月 20 日开始发行，共发行 7 种面额，自 2000 年 7 月 1 日起停止在市场上流通。

第四套人民币：从 1987 年 4 月 27 日开始发行，共发行 9 种面额，其中有 1 角券、2 角券、5 角券、1 元券、2 元券、5 元券、10 元券、50 元券、100 元券。自 2018 年 5 月 1 日起停止在市场上流通。

第五套人民币：从 1999 年 10 月 1 日开始发行，按发行时间分为 1999 年版和 2005 年版。到目前为止，已经发行了 100 元、50 元、20 元、10 元、5 元、1 元 6 种面额的纸币和 1 元、5 角、1 角 3 种面额的硬币。

二、第五套人民币防伪特征

下面以 100 元人民币为例，简要介绍第五套人民币防伪特征，如图 2—2 所示。

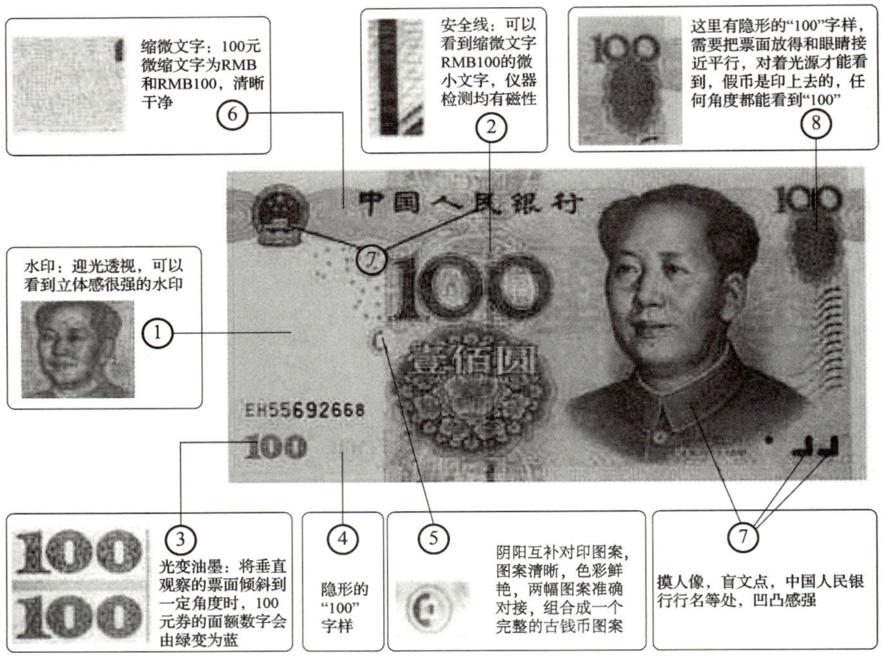

图 2—2　第五套人民币防伪特征

三、真假人民币的识别与处理

1. 假币的特征

假人民币的特征，具体见表 2—2。

表 2—2　　假人民币的特征

特征	做法	表现
伪造固定头像、花卉、水印	第一种方法：在纸的夹层涂料	迎光透视，水印所在位置的纸张明显偏厚
	第二种方法：在钞票正面、背面或正背面同时使用无色或淡黄色油墨印类似水印的图案	该图案无须迎光透视也能清晰可见，立体感差
伪造安全线	第一种方法：用深色油墨印刷一条线伪造成全埋式安全线	安全线无全息图案
	第二种方法：用银色金属油墨间断地印刷在纸张表面，伪造成全息开窗式安全线	安全线无全息图案
	第三种方法：在纸张夹层中放置金属物伪造安全线	与纸张结合较差，安全线无全息图案

续表

特征	做法	表现
伪造雕刻凹版印刷图案	假人民币的正背面主景图案大多由细点或实线条组成	图案颜色不正，缺乏层次，明暗过渡不自然。特别是人像图案目光无神，发丝线条模糊，无凹凸感
伪造隐形面额数字	用无色油墨印刷而成	图文线条与真币差别较大，而且无须平视，垂直就能看到
伪造光变油墨面额数字	第一种方法：用普通单色油墨平版印刷	无真币特有的光泽及颜色变换特征
	第二种方法：使用珠光油墨印刷	虽然有一定的光泽，但无变色效果

2. 真假人民币的识别

真假人民币的识别，通常采用“一看、二摸、三听、四测”的方法，具体见表 2—3。

表 2—3　辨别真假人民币的常用方法

方法	操　作
一看	用眼睛仔细地观察票面外观颜色、水印、安全线、隐形面额数字、光变油墨面额数字、阴阳互补对印图案、冠字号码等。真币票面颜色协调，图案层次丰富，立体感强，人物形象传神，色调柔和亮丽；票面中的水印富有立体感，层次分明；安全线与纸张粘合牢固，并有特殊的防伪标记；阴阳互补对印图案完整、对接准确；各种线条粗细均匀、明晰
二摸	用手指触摸钞票的感觉来分辨人民币的真伪。人民币是采用特种原料，由印钞专用纸张印制，其手感光滑、厚薄均匀、坚挺有韧性，票面上的行名、盲文、国徽和主景图案采用凹版印刷工艺，触摸时凹凸感细腻，与普通纸张差别明显
三听	通过抖动使钞票发出声响，根据声音来判别人民币真伪。人民币是用专用特制纸张印制而成的，具有挺括、耐折、不易撕裂等特点，手持钞票用力抖动、手指轻弹或两手一张一弛轻轻对称拉动钞票，能听到清脆响亮的声音
四测	借助一些简单工具和专用仪器进行荧光检测。可以借助放大镜来观察票面线条的清晰度、胶印微缩文字、胶印对印图案等；用紫外线灯光照射钞票，观察有色和无色荧光油墨印刷图案；用磁性检测仪检测黑色横号码的磁性

3. 假币的处理

（1）公安机关和中国人民银行有权没收假币。

（2）办理货币存取款和外币兑换业务的金融机构可以收缴假币。金融机构收缴假币时，应两人在场，并向持有人出具“假币收缴凭证”。

（3）消费者误收假币，不应再使用。

（4）看到有人大量持有假币，应向公安机关报告。

（5）发现制假币的，应掌握证据，向公安机关报告。

（6）制造、贩卖、使用假币是违法行为。伪造假币处 3 年以上 10 年以下徒刑。出售、购买、运输假币，数额大的处 3 年以上 10 年以下徒刑或无期徒刑。明知持有的是假币而使用的，处 3 年以下徒刑，并罚款。

四、残损人民币的兑换和处理

残损人民币是指票面撕裂、损缺，或因自然磨损、侵蚀，外观、质地受损，颜色变化，图案不清晰，防伪特征受损，不宜再继续流通使用的人民币。

1. 残损人民币的兑换

（1）全额兑换标准

能辨别面额，票面剩余四分之三（含四分之三）以上，其图案、文字能按原样连接的残缺、污损人民币，金融机构应向持有人按原面额全额兑换。

（2）半额兑换标准

能辨别面额，票面剩余二分之一（含二分之一）至四分之三以下，其图案、文字能按原样连接的残缺、污损人民币，金融机构应向持有人按原面额的一半兑换。

纸币呈正十字形缺少四分之一的，按原面额的一半兑换。

（3）不予兑换的情况

1）票面残缺二分之一以上。

2）票面污损、焦黑、水湿、油浸、变色不能辨别真假者。

3）故意挖补、涂改、剪贴、拼凑、揭去一面者。

4）兑付额不足一分的。

不予兑换的残损人民币，由中国人民银行打洞作废，不得流通使用。

金融机构在办理残缺、污损人民币兑换业务时，应向残缺、污损人民币持有人说明认定的兑换结果。不予兑换的残缺、污损人民币，应退回原持有人。

残缺、污损人民币持有人同意金融机构认定结果的，对兑换的残缺、污损人民币纸币，金融机构应当面将带有本行行名的“全额”或“半额”戳记加盖在票面上；对兑换的残缺、污损人民币硬币，金融机构应当面使用专用袋密封保管，并在袋外封签上加盖“兑换”戳记。

2. 残损人民币的处理

金融机构应按照中国人民银行的有关规定，将兑换的残缺、污损人民币交存当地中国人民银行分支机构，由中国人民银行负责回收、销毁。

第三节　票 币 整 点

点钞技术又称为点钞法，是指现钞整点技术，是一种手、眼、脑并用的操作技巧，也是出纳员必须掌握的基本功之一。点钞的种类见表 2—4。

表 2—4　　点钞的种类

种类	具体方法	说明
手持式点钞法	单指单张点钞法	一个手指一次点 1 张
	单指多张点钞法	一个手指一次点 2 张或 3 张
	四指拨动点钞法	4 个手指较短时间内依次拨动 4 张
	五指拨动点钞法	5 个手指较短时间内依次拨动 5 张
手按式点钞法	单张点钞法	一次捻起 1 张
	多张点钞法	一次捻起多张
扇面式点钞法	多指多张	将钞票打开成扇形，再分组清点
硬币整点	手工整点	
	工具整点	

一、手持式单指单张点钞法

手持式单指单张点钞法适用范围较广，可用于收款、付款、整点各种新旧大小钞票。使用这种方法，由于持票所占的票面小，能看到票面的四分之三，很容易发现假币及残券，具体操作如下。

1. 起把

钞票横执，正面朝向身体，持票时左手拇指在钞票的正面左端，约占全票的四分之一处，食指和中指在票背与拇指捏住钞票，无名指和小指自然弯曲，捏住钞票后，无名指和小指伸向票前压住钞票左下方，中指弯曲稍用力，与无名指、小指拉紧钞票，食指直伸，拇指向上移动按住钞票侧面，将钞票往桌子上擦过，拇指借用桌面的摩擦力趁趋势将钞票向上翻起成扇面。同时右手拇指、食指、中指 3 个指头沾水做点钞准备。

2. 捻钞

用右手拇指尖逐张向下捻动钞票的右上角，食指在钞票背面托住右上角，配合拇指捻动钞票。捻下来的钞票用无名指往内方向弹拨，中指沾水翘起备用，在清点中指、拇指上的水用完可向中指沾水，一下即可点完 100 张钞票。

捻钞时，用右手大拇指内侧接触钞票，指尖与钞票接触面不宜大，以利于钞票迅速弹出。

注意：沾水不宜太多，否则会浸湿钞票。

3. 挑出残票

如果在点钞过程中发现残破票，左手中指、无名指放松；右手中指、无名指夹住残破票折向外边，待点完 100 张后，抽出残破票补上完整票。

4. 记数

在捻下钞票的同时，要将清点的数字随时记住。通常有两种记数方法：一种方法是 1、2、3、4、5、6、7、8、9、1（即 10）；1、2、3、4、5、6、7、8、9、2（即 20）；依次类推，直至记至 1、2、3、4、5、6、7、8、9、10，即为 100 张。

另一种方法是 1、2、3、4、5、6、7、8、9、10；2、2、3、4、5、6、7、8、9、10；直至记到 10、2、3、4、5、6、7、8、9、10，即为 100 张。

这两种记数方法均可将两位数变成一位数来记，既准确，又快速。

5. 墩齐

点完 100 张钞票后，左手拇指与食指、中指之间捏住钞票，无名指、小指伸向钞票的前面，使钞票横执在桌面上，用左右手墩齐，再将钞票竖起来，使钞票两端整齐，然后左手持票做扎把准备。

6. 扎把

扎把分为缠绕式扎把和拧结式扎把两种，见表 2—5。

表 2—5　扎把类型

扎把类型	操作说明
缠绕式扎把	①左手拇指在钞票前，中指、无名指、小指在钞票背后将墩齐的钞票横立，食指在上侧将钞票中间分成一条缝 ②右手将纸条插入缝内 ③抽出左手食指并移到背面，左手拇指捏住钞票往下压，使钞票呈瓦形 ④右手将腰条由外向里缠绕两圈，再折成 45°，用拇指将尾端压入圈内，最后将钞票按平
拧结式扎把	①左手将墩齐的钞票横立，拇指在前，食指在上侧，中指、无名指、小指在背面 ②右手取腰条，将其三分之一搭在钞票上侧二分之一处，用左手拇指按在票前，食指在上侧按住腰条 ③右手用拇指和食指捏住腰条长的一端由里向外缠绕半圈，用无名指和中指夹住短的一头拉下，同时将钞票压成瓦形，腰条两头在钞票背后合拢拉紧 ④左手将钞票向外转动半圈，拧好纸条，打成蝴蝶结

7. 盖章

每点完一把（100 张）钞票，扎把后要将个人名章盖在腰条侧面，表示对此把钞票的质量、数量负责，盖章时用力要均匀，印章要清晰。

无论哪种点钞法都包括墩齐、扎把和盖章 3 个环节，因此，在以后的几种点钞法中不再重复介绍。

二、手持式单指多张点钞法

手持式单指多张点钞法是指手持式单指单张点钞法发展为单指可点两张以上的方法。这种方法适于收款、付款和整点工作，对新旧币、角币都能点，它的优点是记数简单、省力。其操作方法除了清点和记数以外，其他均与手持式单指单张点钞法相同。

1. 清点

右手拇指肚放在钞票的右上角，拇指尖超过票面，点双张时，拇指肚捻第一张，拇指尖往下捻第二张。点 3 张以上时，拇指均衡用力，捻的幅度不要太大，食指、中指在票面后配合拇指捻张，无名指向内弹，弹的速度要快，点数时从左侧看比较清楚。

2. 记数

采用分级记数较好，如点双张，2 张为一组记一个数，50 组即为 100 张；如点 3 张时，33 组余一即为 100 张；以此类推。

清点完毕，墩齐、扎把、盖章与手持单指单张方法相同。

三、手持式四指拨动点钞法

手持式四指拨动点钞法又称为四指四张点钞法。用 4 个指头一次清点 4 张钞票。每指一张看得很清楚，适用于收款、付款、整点工作的初点、复点。这种点钞方法省力、省脑、效率高，并能逐张识别真假票和挑出损伤票，具体操作如下。

1. 持钞

用左手持钞，中指在前，食指、无名指、小指在后，将钞票夹紧，四指同时弯曲，将钞票轻压成瓦形，拇指在钞票右上外侧，将钞票推成斜扇面开，然后手腕向里转，使钞票的右里角抬起，右手 4 个指头同时沾水，准备清点。

2. 清点

右手腕抬起，拇指贴在钞票的右上角，余下 4 个手指并拢，从小指开始每指一张依次下滑，4 个指头每下滑一次捻下 4 张钞票，循环往复。与此同时，左手拇指和食指配合动作，使下钞能通畅自如。

3. 记数

采用分组记数，每 4 张为 1 组、记 1 个数，25 组即为 100 张。

四、手持式五指拨动点钞法

手持式五指拨动点钞法适用于收款、付款和整点工作，其优点是点钞速度快，记数省力。操作时主要用手指关节活动，动作范围小，可减轻劳动强度。

操作方法：除了持钞、清点、记数以外，其他与手持单指单张方法相同。

1. 持钞

左手持钞，将钞票横放在桌面上，正面朝内。左手小指在前，无名指在后，夹住钞票下端，中指、拇指从钞票两侧伸出卡住，拇指要高于中指，两指稍用力，使钞票右上角稍向后倾斜成弧形，以便于点数。

2. 清点

右手 5 个手指同时沾水后从小指开始，依次无名指、中指、食指、拇指逐一触及钞票上端。轻轻向内拨动到拇指收尾，每次拨点 5 张。

右手五指动作要协调，用力要均匀，以每个手指侧面拨钞票。拨钞幅度要尽量缩小，动作要连贯。由于每次捻钞张数较多，手、脑、眼要密切配合，以保证清点准确。

3. 记数

采用分组记数法，每 5 张为 1 组、记 1 个数，20 组即为 100 张。

五、手按式单张点钞法

手按式单张点钞法适用于收款、付款和整点各种新旧大小钞票。特别适宜于整点旧币及残破票多的钞票，看到的票面较大，便于挑出损伤票。

1. 按钞

把钞票平放在桌上，对正点钞员，用左手小指、无名指按住钞票的左端约三分之一处，小指在前，无名指贴在小指尖旁，中指、食指和大拇指自然弯曲。

2. 清点

右手掌心向下，用拇指托起右下角的部分钞票，右手食指捻动钞票，每捻起一张，左手拇指即往上推动送到食指和中指之间夹住，即完成了一次点钞动作，以后依次继续操作。记数、墩齐、扎把与手持式单指单张点钞法相同。

六、手按式多张点钞法

采用手按式多张点钞法整点时，把钞票斜放在桌面上，左手小指、无名指压住钞票的左上方约占四分之一处，右手拇指、食指、中指沾水，沾水后随即用拇指托起右下角的部分钞票。右臂倾向左上方，然后用中指向上捻起第一张，随即用食指捻起第二张。捻起的这两张钞票由左拇指往右推出，送到食指、中指间夹住。记数是分组记数，2 张为 1 组，记 50 组为 100 张。

手按式三张四张点钞法，操作时一般可分以下四个步骤进行。

1. 放票

把钞票斜放在桌面上，使其右下角稍伸出桌面，坐的位置要向右斜摆，使身体与桌面成三角形，便于右手肘部枕在桌面上，操作起来省力。

2. 沾水

右手食指、中指、无名指和小指沾水。

3. 清点

以左手小指、无名指、中指按住钞票的左上角，右手肘部枕在桌面上，拇指托起右下角的部分钞票，小指弯曲。三指点钞使无名指先捻动第一张，随即以中指、食指顺序各捻起一张。四指点钞是先用小指捻动第一张，随即以无名指、中指、食指顺序各捻起一张。捻起的 3 张（4 张）钞票用左手拇指推出，送到食指和中指之间夹住。

4. 记数

采用分组记数，三指点钞是每 3 张为 1 组、记 1 个数，数到 33 组最后余 1 张，即为 100 张。四指点钞是每 4 张为 1 组、记 1 个数，数到 25 组为 100 张。

七、扇面式点钞法

扇面式点钞法最适于整点新票及复点工作。其特点是工作效率高，具体步骤如下。

1. 拆把

持票钞票竖拿，左手拇指在票前，食指、中指、无名指、小指弯曲在后，持票三分之一处，这就形成了将拇指与食指在票面的前后两面对称轴心捏住。用右手虎口从背面握住，持票呈瓦形，再用拇指勾掉钞票上的纸条，做开扇准备。

2. 开扇

方法一：以左手拇指为轴，用右手虎口握住钞票背面并将钞票上端向身体方压弯，右手腕带动手指由左向右甩动钞票；同时左手拇指与食指配合，右手逆时针捻动轴心，右手拇指协助向左推捻钞票，其余四指在钞票背面随着左右晃动将钞票均匀化开，直至打开如扇形，每两张钞票之间距离能清晰可辨。

注意：开扇是扇面点钞的一个重要环节，扇开得匀不匀，决定点钞准不准。扇面打开要用甩劲，这样打开的扇面才能均匀，但有一个环节应特别注意，即在甩的同时，轴要放松，这样扇面一下甩开，才能使扇面开得均匀，不重叠。

方法二：以握钞左手为轴，用右手食指将钞票向左下方按压，拇指将压弯的钞票向左上方推，食指、中指由左向右捻动钞票，左手拇指同时配合右手动作，这样反复操作。右手拇指逐渐由中部向下移动，移至右下角时即可将钞票推成扇形，然后双手持钞，将不均匀的地方拌动开。

3. 清点

左手持钞，使扇面平持稍向身体倾斜，用右手拇指一次向下按 5 张或 10 张，按下后用食指压住（按的部分是钞票的右上角）。接着，拇指按第二次，依次类推。左手应随着右手按的速度以腕部为轴，稍向内转动扇面，右手向前走动，眼睛向前看，手、眼密切配合。这种方法是拇指单指前进，也可采用拇指、食指两指交替前进。

4. 记数

采用分组记数，每组 5 张或 10 张，如每组 10 张，数 10 组即为 100 张。

5. 合扇

清点完毕即可合扇，将左手向右侧，右手四个手指稍弯曲托住钞票的右侧，由右往左合拢，左右手指稍往中间一起用力，使钞票竖立在桌面上，两手松拢轻墩，然后再把钞票横执墩齐做扎把准备。

八、硬币整点

在实际工作中硬币整点有两种方法，具体见表2—6。

表2—6 整点硬币的方法

种类	步骤	说明
手工整点硬币	拆卷	右手持硬币卷的三分之一部位，放在待清点完包装纸的中间，左手撕开硬币包装纸的一头，然后右手大拇指向下从左到右端开包装纸，把纸从圈的上面压开后，左手食指平压硬币，右手抽出已剥开的包装纸，这样即可准备清点
	清点	将硬币由右向左分组清点，用右手拇指和食指持币分组清点，为了准确可用中指在一组中间分开查看。如一次点10枚，即从中间分开一边5枚
	记数	记数采用分组记数法。一组为一次，每次枚数相同，如一组为10枚，记10次为100枚
	包装	硬币清点完毕以后，用双手的无名指分别顶住硬币的两头，用拇指、食指、中指捏住硬币的两端，将硬币取出放入已准备好的包装纸二分之一处，用双手拇指把里半部的包装纸向外掀起，掖在硬币底部，再用右手掌心用力向外推卷，然后用双手的中指、食指、拇指分别将两头包装纸压下均贴至硬币
	盖章	在包装纸上加盖印章
工具整点硬币		工具整点硬币是指大批硬币用整点工具进行整点。工具整点硬币一般包括拆卷、点数、包装等步骤。整个过程除了清点借助于工具外，其他与手工整点类似

第四节 错误查找

出纳在处理出纳业务中应尽量算准确、点正确和准确记账。但是，在实际工作中，由于种种原因，可能会出现错误。出纳工作中的错误包括错款事项或错账现象。认识错误类型，掌握查找和更正方法，可以使出纳少出差错，出现差错后能及时查找更正。

一、错款

1. 错款的种类

出纳错款包括长款和短款两种类型。

2. 易出现差错的四个时刻

（1）刚上班时精力尚未完全集中。

（2）快下班时思想有些分散。

（3）收付款业务较多时精神过分紧张。

（4）工作闲时懒散分心。

3. 错款产生的原因

（1）出纳因看错数据而产生的错误。

（2）违反出纳操作规程和制度而出现的错款。例如，付款时不复核清点而出现错款；或收付款无误后，不及时登记入账而后又遗失凭证造成错款；或因为遇到熟人办事，违反出纳规程而出现错款。

（3）由于交接手续不清而造成错款。例如，让别人临时代办，而又不办交接手续，工作不认真交接。

（4）由于思想麻痹大意而形成错款。例如，初点一笔款项与凭证不符，复点相符，又不做第三次落实便认可，而实际有误。

4. 查找错款的方法

大量错款发生在收付款过程中，查找时应在核准账款的基础上，通过回忆、分析和比较，确定对象。

5. 错款处理

按制度规定，长款应上交单位，列作收益；短款若是非责任事故，可以报损，但必须报审批才能进行，不能“以长补短”。但是，若长款不报，按贪污论处；短款不报，以违反财务制度论处。所以，无论“长款”或“短款”都应尽量避免。

注意：出现错款属于出纳的责任，轻者予以教育批评，同时予以经济处罚并负责赔偿。经常错款而又特别严重者，则应视情节和后果或调离岗位，或处分后调离岗位。

二、错账

1. 错账的类型及原因

从技术方面讲，出纳错账有下列几种。

（1）由于出纳登记错误而发生的错账，包括方向（借贷）记反、数字倒置、数位记错、漏记、重记等几种类型。

（2）由于出纳计算错误而发生的错账。这种错账主要发生在出纳结账时，计算“发生额合计”或“期末余额”时计算错误而形成。

（3）由于记账凭证填制错误而发生的错账，如记账凭证科目错误、金额多计或少计等。

2. 常用查找错账的方法

（1）顺查法

顺查法就是按照记账程序，从填制凭证到登记账簿，进行逐笔检查。这种方法主要用于期末对账簿进行全面核对和不规则错误的查找。

（2）差数法——检查漏记或重记

漏记或重记一笔数字时，可查有无与此错数相同的数字。例如，某日库存现金日记账的余额为 1,365.68 元，库存现金实有数为 1,545.68 元，其差额为 180 元，可根据其差额查找库存现金日记账中是否有收入漏记 180 元，或者支出多记 180 元。

（3）差额除以 2 法——检查借贷方向

错账差额如确认为并非漏记或重记，可以用此差额除以 2 求其商，如能刚好找到一笔业务，金额正好与其商相等，则可能是借贷方向反向导致的。

例如，库存现金日记账余额比总账余额少了 2,600 元，可查日记账有无金额刚好是 1,300（2,600 除以 2）元的业务发生，如果有，则可能是将收入的 1,300 元误写成支出 1,300 元。

（4）差额除以 9 法——检查数字倒置或位移

数字倒置是将相邻两数位倒换位置，例如，将 65 写成 56，其差额为 9，除以 9，商为 1，可能倒置的数据组有 1-0、2-1、3-2、4-3、5-4、6-5、7-6、8-7、9-8，由于商数是个位数，即可能是十位与个位数颠倒。又如，将

745 写成 475，其差额为 270，除以 9，商为 30，即可能是 3-0、4-1、5-2、6-3、7-4、8-5、9-6 等组数字颠倒，由于商为十位数，即可能是百位数与十位数颠倒，以此类推。

三、更正错账的方法

错账被查出来以后，要根据错误的性质和具体情况，采用正确方法更正。常用的错账更正方法有以下三种。

1. 画线更正法

（1）画线更正法使用范畴

记账后，发现记账凭证无错，只是账簿记录中的文字或数字错误时，采用画线更正法。

（2）画线更正法使用方法

使用画线更正法时，在错账处正中画一条红线，以示注销，然后再将正确的文字或数字写在注销的文字或数字上面，并由记账人员在右侧盖章，以明确责任。

如果是由于对账不及时或其他原因造成连续结计的余额错误，为了不影响账簿的整洁，可以只对第一个余额和最后一个余额进行更正，其他错误余额只需画线，不需更正。

对于文字错误，只需注销错误的文字，而不必注销整行文字或整句话。

注意：画线时，应使原来字迹清晰可辨，以便核查。对于错误的数字，不管记错几个字符，均应将整个数据全部画线注销，不得只画其中错误的字符。如将 128,000，错记为 182,000，不能只在 2、8 两位数上画线，而应将 182,000 全部画线注销。

2. 红字更正法

（1）红字更正法使用范畴

当记账后，发现记账凭证中会计科目、借贷方向或金额错误，导致账簿记录错误，应采用红字更正法。

（2）红字更正法使用方法

使用红字更正法时，先更正记账凭证，再根据记账凭证更正账簿记录。由于错误情况不同，更正的具体步骤也不相同。

1）记账凭证科目、借贷方向错误。更正时，先编制一张与错误记账凭证科目相同、借贷方向相同、金额为红字的记账凭证，称为红字记账凭证，并据以用红笔登记入账，以示冲销原有的错误记录。然后再用蓝（黑）字编制一张正确的记账凭证，再据以登记入账，以示更正。

例：新东方公司以现金支付王永预借差旅费 1,000 元。编制记账凭证时用错科目，编制为：

借：管理费用——差旅费　　1,000

　　贷：库存现金　　1,000

以上业务已登记入账。更正时，首先编制一张红字记账凭证，并用红字登记入账。然后再编制一张正确的记账凭证，用蓝（黑）字登记入账。

借：管理费用——差旅费　　1,000

　　贷：库存现金　　1,000

借：其他应收款——王永　　1,000

　　贷：库存现金　　1,000

2）若记账凭证科目、借贷方向无错，只是所记金额大于应记金额，可以只将多记金额用红字编制一张与原错误记账凭证科目、借贷方向相同的记账凭证，冲销多记金额。

例：新东方公司签发支票，金额为 50,000 元，归还前欠华丰公司货款。

编制的记账凭证为：

借：应付账款——华丰公司　　500,000

　　贷：银行存款　　500,000

金额多记 450,000 元，并已登记入账。

更正为：

借：应付账款——华丰公司　　450,000

　　贷：银行存款　　450,000

将红字金额登记入账。

3. 补充登记法

（1）补充登记法使用范畴

当记账后，发现记账凭证中的会计科目、借贷方向均无错，只是所记金额小于应记金额，导致账簿记录错误时，可采用补充登记法。

（2）补充登记法使用方法

将少记金额用蓝字编制一张会计科目、借贷方向与原错误记账凭证相同，金额为少记金额的记账凭证，并据以登记入账即可。

例：新东方公司收到金诚公司电汇收款通知，金额为63,000元，是金诚公司归还的货款。编制的记账凭证为：

借：银行存款 36,000

　　贷：应收账款——金诚公司 36,000

已登记入账，金额少记27,000元。

更正为：

借：银行存款 27,000

　　贷：应收账款——金诚公司 27,000

据以登记入账即可。

练习题

一、单选题

1. 下列小写金额数字书写正确的是（　　）。

A. ￥6,921　　B. ￥7,100.9　　C. ￥1,200.00　　D. ￥2,100.0

2. 除“4”和（　　）外，所以小写数字必须一笔写成，不能人为增加数字的笔画。

A. 8　　B. 5　　C. 7　　D. 2

二、多选题

1. 手按式点钞法包括（　　）。

A. 单指点钞法　　B. 多指点钞法

C. 单张点钞法　　D. 多张点钞法

2. 点钞的基本步骤为：（　　）、墩齐和扎把。

A. 解把　　B. 起把　　C. 清点　　D. 记数

三、判断题

1. 点钞技术是财务人员必须掌握的基本功。（　　）

2. 真假人民币的识别，通常采用“一看、二摸、三听、四测”的方法。（　　）

四、业务题

1. 练习小写数字的书写

1																				
2																				
3																				
4																				
5																				
6																				
7																				
8																				
9																				
0																				

2. 练习大写数字的书写

零																				
壹																				
贰																				
叁																				
肆																				
伍																				
陆																				
柒																				
捌																				
玖																				
拾																				
佰																				
仟																				
万																				
亿																				
整																				
元																				
角																				
分																				

3. 大写金额数字的书写

（1）¥12,759,260.47:________________

（2）¥53,000.08:________________

（3）¥0.08:________________

（4）¥5,200.00:________________

（5）¥7,058.00:________________

（6）¥8,142,870.05:________________

（7）¥193.26:________________

（8）¥2,900.00:________________

（9）¥21,307.00:________________

（10）¥600.00:________________

（11）¥561,680.32:________________

（12）¥405,000.58:________________

（13）¥13,406.09:________________

（14）¥762.05:________________

（15）¥100,700.00:________________

（16）¥25,918.00:________________

第三章
现金业务

学习目标

- 熟悉现金管理制度
- 掌握现金收入业务的处理过程
- 掌握现金支付业务的处理过程
- 掌握库存现金的清查方法及处理过程
- 能够熟练登记库存现金日记账

由于现金具有较强的流动性，是支付手段中最便捷、最容易被接受的方式，在处理现金业务过程中，如果不懂得现金管理的有关规定，不熟悉现金业务的操作规程，就容易出现差错，导致别有用心的人员挪用、侵占现金，给个人和企业带来损失。

第一节 现金管理制度

一、现金的概念

在我国，会计意义上的现金仅仅是指库存现金，也就是出纳保留的那部分现钞，包括人民币现钞和各种外币现钞。

二、现金管理应遵循的原则

1. 收付合法原则

收付合法原则，是指各单位必须依照国家的财经法规办理现金收支业务。

2. 实事求是原则

实事求是原则，是指各单位必须如实反映现金收付情况，不允许弄虚作假。

出纳办理现金收付业务应以实际发生的经济业务为依据，对于真实合法的要及时办理，不要延误；对于不符合政策规定的、特别是来源不清和用途不确切的现金收付款项，不能擅自变通，而应说明原因，拒绝办理，确保现金管理制度的实施。

3. 日清月结原则

日清月结原则，是指各单位对现金的管理必须做到按日清理、按月结账。这里所说的按日清理，是指出纳对当日经济业务进行清理，全部登记库存现金日记账，结出库存现金账面余额，并与库存现金实有数进行核对。

4. 钱账分管原则

钱账分管原则，即管钱的不管账，管账的不管钱。为了保护现金的安全，会计工作岗位要有明确的分工，在会计部门内部建立相互制约和监督机制，这样便于相互核对账目，防止贪污盗窃和错账差款的发生。

经管现金的出纳不得兼管稽核、会计档案保管和收入、费用、债权债务的登记工作。非出纳会计人员，不得经管出纳账登记工作、现金的收付和保管工作。出纳可登记库存现金日记账和编制库存现金日报表，由会计人员登记库存现金总账；也有的单位由会计人员编制库存现金日报表。

三、现金管理有关规定

1. 现金的使用范围

（1）现金的支出范围

1）职工工资、津贴。

2）个人劳务报酬。

3）根据国家规定颁发给个人的科学技术、文化艺术、体育等各种奖金。

4）各种劳保、福利费用以及国家规定的对个人的其他支出。

5）向个人收购农副产品和其他物资的价款。

6）出差人员必须随身携带的差旅费。

7）结算起点以下的零星支出。

8）中国人民银行确定需要支付现金的其他支出。

除6）和7）项外，开户单位支付给个人的款项，超过使用现金限额的部分，应当以支票或者银行本票支付；确需全额支付现金的，经开户银行审核后，予以支付现金。

结算起点定为1,000元。结算起点的调整，由中国人民银行确定，报国务院备案。

（2）现金的收入范围

1）单位或职工交回差旅费剩余款、赔偿款、备用金退回款。

2）收取不能转账的单位或个人的销售收入。

3）不足结算起点（起点为1,000元）的小额收入等。

2. 库存现金限额

库存现金限额是指国家规定由开户银行给各单位核定一个保留现金的最高额度。核定单位库存限额的原则是，既要保证日常零星现金支付的合理需要，又要尽量减少现金的使用。

开户银行根据实际需要核定3~5天的日常零星开支数额作为该单位的库存现金限额。边远地区和交通不便地区的开户单位，其库存现金限额的核定天数可多于 5 天，但最多不得超过 15 天的日常零星开支的需要量。开户单位由于经济业务发展需要增加或减少库存现金限额的，应当向开户银行提出申请，由开户银行核定。

3. 现金收支规定

根据《现金管理暂行条例》的规定，开户单位现金收支应当依照下列规定办理：

（1）开户单位现金收入应当于当日送存开户银行。当日送存确有困难的，由开户银行确定送存时间。

（2）开户单位支付现金，可以从本单位库存现金限额中支付或者从开户银行提取，不得从本单位的现金收入中直接支付（即坐支）。因特殊情况需要坐支现金的，应当事先报经开户银行审查批准，由开户银行核定坐支范围和限额。坐支单位应当定期向开户银行报送坐支金额和使用情况。

（3）开户单位从开户银行提取现金，应当写明用途，由本单位会计部门负责人签字盖章，经开户银行审核后，予以支付现金。

（4）因采购地点不固定、交通不便、生产或者市场急需、抢险救灾以及其他特殊情况必须使用现金的，开户单位应当向开户银行提出申请，由本单位会计部门负责人签字盖章，经开户银行审核后，予以支付现金。

（5）不准违法留存现金，即不得“公款私存”；不准保留账外公款，即不得设“小金库”。

（6）不准用不符合财务制度的凭证，即不得“白条”抵库。

知识链接

允许坐支现金的情况

- 基层供销社、食品店、粮店、委托商品销售兼营收购的单位，向个人收购支付的款项。
- 邮局以汇兑收入款支付个人汇款。
- 医院以收入款项退还病人住院押金、伙食费及支付输血费等。
- 饮食店等服务行业的营业找零款项等。
- 其他有特殊情况而需要坐支的单位。

四、现金、票据和印章的保管

1. 现金保管

现金是流动性最强的资产，无须变现即可直接使用，现金是不法分子谋取的直接目标，其保管要求见表3—1。

表3—1 现金保管的要求

要求	具体内容
要有专人保管	库存现金保管的责任人是出纳以及其他所属单位的兼职出纳
纸币和铸币分类保管	库存现金，包括纸币和铸币，纸币的票面金额和铸币的币面金额，以及整数（即大数）和零数（即小数）分类保管
做到日清月结	当天收入的现金，经过核对无误后，必须当天存入银行。库存现金应控制在核定的库存现金限额内，超过限额部分，应送存银行。每天终了，结出库存现金余额，与库存现金核对，做到日清；发现不符，应及时查找原因，及时处理。每月终了，结出现金本月发生额及期末余额，与现金总账核对，做到账账相符
送取现金要有安全措施	向银行送存现金或提取现金时，一般应有两个人以上，数额较大的，途中最好用专箱装放，专车运送，必要时可进行武装押运
库存现金存放要有安全措施	出纳办公室应选择坚固实用的房间，能防潮、防火、防盗、通风，墙壁、房顶要牢固，门窗要有金属板（网），根据需要可安装自动报警、监控等装置
配备专用保险柜	要配备专用保险柜，限额内的库存现金当日核对清楚后，一律存放在保险柜内
定期检查	企业内部审计人员应定期对库存现金进行检查，并根据需要进行临时抽查

2. 票据保管

（1）银行结算票据的保管

银行结算票据是指银行结算用的支票、银行汇票、银行承兑汇票及商业承兑汇票等具有法律支付功能的有价票据。企业的空白支票和收到的银行结算票据一般由出纳保管，并由出纳负责建立票据登记簿。有关部门或人员领用票据时要填写用款申请或报销单据，注明领用票据的日期、金额、用途等事项并报相关管理人员批准，出纳审核无误后盖章签发，并在“票据签发登记簿”上记录。

（2）企业空白内部单据的保管

企业空白内部单据的保管包括空白收据和空白支付证明单等。出纳应将企业空白内部单据存放在出纳专用保险柜内。空白收据一经填制，并加盖有关印鉴后，即可成为结算的一种书面证明，直接关系到单位资金的准确、安全和完整。空白收据在保管中应注意以下几点：

1）空白收据一般应由主管会计人员保管，领用时应由领用人签字，用完后要及时归还、核销。

2）不得将空白收据带出工作单位使用，不得转借、赠送和买卖收据。

3）作废的收据要加盖“作废”印鉴，连同存根一起保管，不得撕毁、丢失。

3. 印章的保管

与出纳有关的印章主要有支票印鉴、现金收讫、现金付讫、银行收讫、银行付讫等。印章必须妥善保管，具体要求如下：

（1）严格按照规定的用途使用。

（2）负责保管的人员不得将印鉴随意存放或带出工作单位。

（3）用于签发支票的印鉴不得由会计或出纳一人保管，必须由两人分别保管。

第二节 现金收入业务

一、现金收入原始凭证

1. 发票

（1）发票的概念

发票是指企事业单位在购销商品、提供和接受劳务以及从事其他经营活动中开具或收取的收付款凭证。

（2）发票的种类

发票主要有增值税专用发票、增值税普通发票、机动车销售统一发票等。

1）增值税专用发票。增值税专用发票是根据税法规定应当缴纳增值税的单位和个人，销售货物或应税劳务时，向购买方或接受劳务方开具的发票，是计算和缴纳增值税的基础和依据。

2）增值税普通发票。增值税普通发票的格式、字体、栏次、内容与增值税专用发票完全一致，开具的增值税普通发票纳入增值税防伪税控系统开具和管理。

3）机动车销售统一发票。凡从事机动车零售业务的单位和个人，在销售机动车收取款项时，必须开具税务机关统一印制的《机动车销售统一发票》，并在发票联加盖财务专用章或发票专用章，抵扣联和报税联不得加盖印章。

自 2018 年 4 月 1 日起，二手车交易时，二手车经销企业、经纪机构和拍卖企业应当通过增值税发票管理新系统开具二手车销售统一发票。

（3）发票的取得与填开

1）取得发票。依法办理税务登记的单位和个人，在领取税务登记证件后向主管税务机关申请领购发票。

申请领购发票的单位和个人应当提出购票申请，提供经办人身份证明，税务登记证件或者其他有关证明，以及财务专用章或者发票专用章的印模，经主管税务机关审核后，发给发票领购簿等。

2）填开发票。销售产品、提供服务及从事其他经营活动的单位和个人，对外发生经营业务收取款项时，收款方应当向付款方开具发票。

填开发票时，必须注意以下几方面事项：①按号码顺序填开；②填写项目齐全，内容真实，字迹清楚；③全部联次一次复写或打印，内容完全一致；④在发票联加盖单位财务印章或者发票专用章。

（4）发票的保管

1）使用发票的单位和个人应确定专人保管发票，使用发票多的单位应建立领用存台账；使用增值税专用发票的单位应有保险柜存放发票，妥善保管，不得丢失。

2）开具发票的单位和个人，对已经开具的发票存根联和发票登记本，应当保存 5 年。保存期满，报经税务机关查验后销毁。

2. 非经营性收据

非经营性收据是指国家机关、事业单位等按规定收取费用和咨询服务费用时所开具的收款收据。非经营性收据由国家财政部门统一印制或加盖监制章。国家机关、事业单位在根据规定收取各种费用和服务费时，必须开具非经营性收据。

3. 内部收据

内部收据通常用于单位内部职能部门或与职工之间的现金往来及与单位和个人之间的非经营性现金往来，如职工向单位缴纳的水电费、房租等。内部收据通常由单位根据自己的需要设计印制或向商店购买，不需要到税务机关购领。

二、现金收入处理程序

1. 操作要领

为使现金收入工作准确、及时，防止混乱和差错，避免款项损失和责任不清，必须遵循以下工作规程，掌握其中的操作要领。

（1）要按顺序逐笔办理。凡是遇到同时要办理两笔以上现金收款业务的，必须按业务发生的顺序或来人的先后排队，一笔一笔办理。

（2）先看清、审核凭证，再着手收取现金。凡是办理现金收入业务的，不论对外对内，都要明确该收入事项的来源，并对凭证进行审核，确定该业务是否真实、合法，凭证反映的商品数量、单价、金额等是否有误，有无刮擦涂改现象，有关人员是否签字或盖章等。审核无误后再着手办理收款手续。

（3）收款点票的操作要点见表 3—2。

表 3—2　　收款点钞操作要点

要点	具体操作
当面点数，一笔一清	每笔收款都要交款人在场当面看着自己点数，直到整笔点清为止。一笔款未收妥，不收另一笔；整笔款未点清，不放入自己的容器；一把票币未点清不点另一把，也不和另一把调换券别找换零钞；整笔款未收妥不盖现金收讫章

续表

要点	具体操作
点票要做到复点、挑净、墩齐、捆扎	每笔收款都要复点；点票时，发现伪钞、残钞、损伤等有问题的票币要立即剔除；每捆、每把未点前，不要将原封签、纸条丢掉；清点准确后，要按券别面额100张墩齐，不要折角，然后扎把，10把捆成一捆
按叠复点，工具记数，唱数核对	如果一笔收款由出纳一人自己复点的，要按交来的原叠票币清点两次；如有一次不符，便要多点一次。如交来票币面额混杂，第一次照原叠、原捆点数，点齐后才拆开分类整理，然后点第二次。每次点完一叠或一捆，便利用算盘或计算器记下汇计数，不要心算汇计数，否则容易错乱
先大后小，先整后零	每笔收款点数时，都要先点大数，后点小数；先点整数，后点零数。如交来票币不分面额种类而混杂叠扎的，不要边点数边拆开整理，否则容易错乱；每叠点数时，要将票币逐张打开铺平，不要折角，以防止重叠
收整找零，算盘或计算器核对	例如，应收28元4角，收到一张50元纸币，具体操作如下： ①将点收现金的整数打在算盘上或计算器上，即在算盘或计算器上打出50 ②从这个数中减去应收的金额，用50减去28.4，算盘或计算器上的数为21.6，该数即为应找的零数 ③将要找回零数的票币分面额逐次检出，然后加上应收的金额，与最初点收的现金整数相符，即证明无误
收款发现问题，立刻当面处理	对交来的现金点数后，发现有短少、超出、伪钞、残缺、损伤等问题时，要立刻向交款人当面提出，把其中有问题的那一叠票币交回对方复点、验看；挑出有问题的纸币交回对方处理，要对方补回有问题的款项数，待补足后才办收款手续。如对方不能补足，则按减除有问题数后的实收数办理收款手续

（4）加盖“现金收讫”章。每笔收款业务，在清点票币完毕后，都要在原始凭证上加盖“现金收讫”章。据此填制记账凭证，登记库存现金日记账。

2. 处理程序

出纳办理现金收入业务时，按款项来源不同有以下三种情况：直接向顾客和外单位人员收取款项、从银行提取现金、本单位营业员和收款员收款后交给出纳。

（1）直接向顾客和外单位人员收取款项

直接向顾客和外单位人员收取款项一般包括：①销售产品（商品）收取货款；②按规定预收的定金；③收取的各种赔款、罚款、押金等。其处理程序如图 3—1 所示。

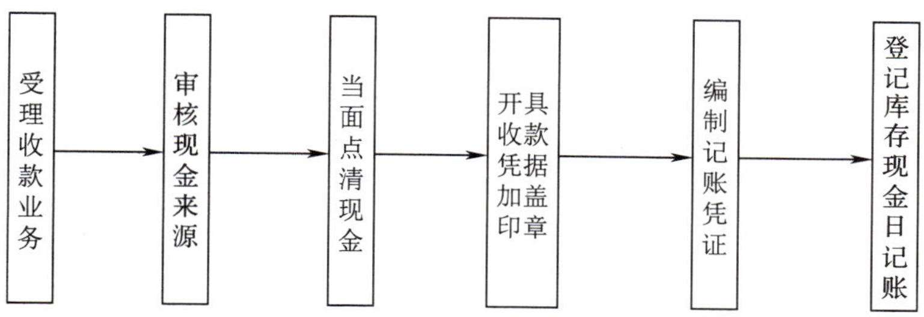

图 3—1 直接向顾客和外单位人员收取款项的处理程序

知识链接

直接收取现金注意事项

- 如属顾客交货款后要到仓库提货，或送货上门给客方的，要制定与仓库联系、配合的制度，一般是开出发票时一并开出提货单或出仓单。
- 如货款超过现金限额的，应采用其他结算方式。
- 不得与客方以货易货而双方不开发票，也不得按易货总值的差额开发票收款或付款。
- 行政、事业单位出纳收取现金的，要开出当地财政部门规定使用的收款收据或收费专用收据，加盖公章。

（2）从银行提取现金

当单位需要现金时，可按有关规定，由出纳填写现金支票到开户银行提取现金。其处理程序如图 3—2 所示。

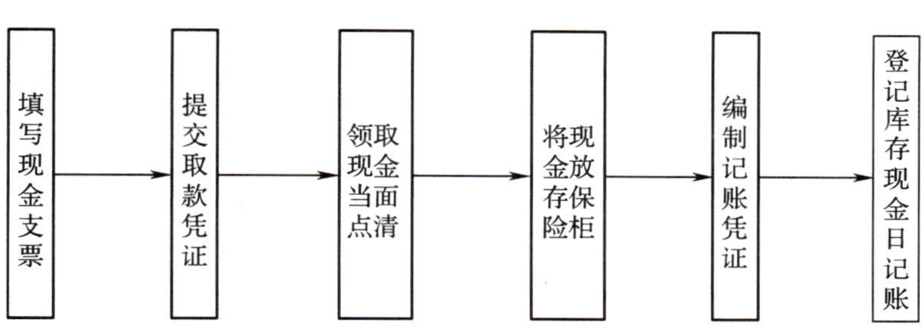

图 3—2 从银行提取现金的处理程序

知识链接

现金支票的填写要求

- 用碳素墨水笔按支票排定的号码顺序填写，书写要认真，不能潦草，也不能用蓝墨水，更不能用红墨水填写。
- 签发日期应填写实际出票日期，不得补填或预填日期。
- 收款人名称应与预留印鉴名称保持一致。
- 大小写金额必须按规定书写，如有错误，不得更改，必须作废重填。
- 在用途栏内填清真实用途。
- 签章不能遗漏，必须与银行预留印鉴相符。

（3）本单位营业员和收款员收款后交给出纳

零售商店、门市部和饮食服务业，由于收款业务比较频繁，一般由营业员分散收款或收款员集中收款后，连同填写的销售日报表，一并送交出纳签收，再由出纳将现金送存银行。其处理程序如图 3—3 所示。

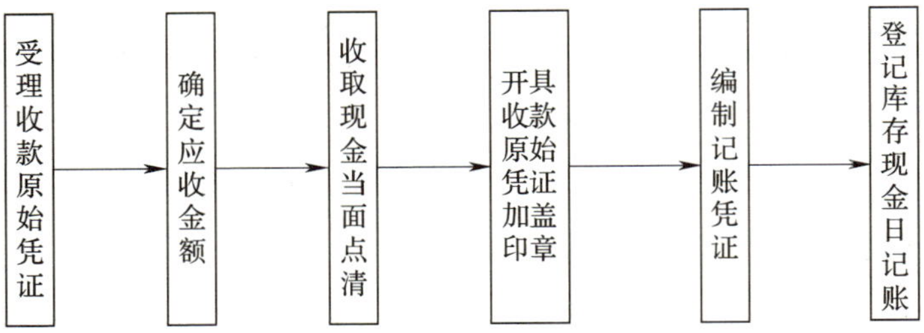

图 3—3　本单位营业员和收款员收款后交给出纳的处理程序

三、现金收入账务处理

下面，以美迪有限公司为例（假设该公司为增值税一般纳税人），讲解现金收入账务处理方法。

1. 提取现金

【业务 3—1】3 月 5 日，开出现金支票，提取现金 80,000 元备发工资。支票存根如图 3—4 所示，账务处理如下：

借：库存现金　　80,000

　　贷：银行存款　　80,000

中国工商银行支票存根　（粤）

$\frac{BC}{20}$ 12345678

附加信息

出票日期：20×× 年 3 月 5 日

收款人：美迪有限公司
金　额：¥ 80,000.00
用　途：发放工资

单位主管　方怡　　会计　曹莹

图 3—4　支票存根

2. 收取现金

【业务 3—2】3 月 7 日，向丽莉服装厂销售 A 材料一批，成本 6,800 元。增值税专用发票注明价款 10,000 元，增值税额 1,600 元，收到购货方支付的现金。发票如图 3—5 所示，账务处理如下：

4401375670　　广东增值税专用发票　　№ 19254903

此联不作报销、扣税凭证使用　　开票日期：20×× 年 3 月 07 日

购货单位	名　　称：丽莉服装厂 纳税人识别号：914440103901665500 地　址、电　话：广州市华夏路 175 号 8607×××× 开户银行及账号：中国工商银行广州分行华夏路办 0201933051				密码区	（略）		
货物及应税劳务名称	规格型号	单位	数量		单价	金额	税率	税额
A 材料		千克	100		100.00	10,000.00	16%	1,600.00
合计						¥ 10,000.00		¥ 1,600.00
价税合计（大写）	⊗ 壹万壹仟陆佰元整					（小写）¥ 11,600.00		
销货单位	名　　称：美迪有限公司 纳税人识别号：914440106789123401 地　址、电　话：广州市白云南路 916 号　8531×××× 开户银行及账号：中国工商银行广州分行白云路办　0233123507				备注			

第一联　记账联　销货方记账凭证

收款人：苏芒　　复核：易艺　　开票人：唐盈　　销货单位（盖章）：

图 3—5　发票记账联

借：库存现金　　11,600

　　贷：其他业务收入　　10,000

　　　　应交税费——应交增值税（销项税额）　　1,600

借：其他业务成本　　6,800

　　贷：原材料——A 材料　　6,800

【业务 3—3】3 月 10 日，向凯旋公司销售甲产品一批，成本 5,000 元。开出增值税普通发票，发票注明价款 9,280 元，收到购货方支付的现金。发票如图 3—6 所示，账务处理如下：

借：库存现金　　9,280

　　贷：主营业务收入　　8,000

　　　　应交税费——应交增值税（销项税额）　　1,280

借：主营业务成本　　5,000

　　贷：库存商品——甲产品　　5,000

广东增值税普通发票　　№20550789

4401602391　　此联不作报销、扣税凭证使用　　开票日期：20×× 年 3 月 10 日

购货单位	名　　称：凯旋公司 纳税人识别号：914440118157006615 地　址、电　话：广州市前进路 316 号 8651 ×××× 开户银行及账号：中国工商银行广州分行前进路办 0202165279				密码区	（略）		
货物及应税劳务名称	规格型号	单位	数量		单价	金额	税率	税额
甲产品		件	100		80.00	8,000.00	16%	1,280.00
合计						¥ 8,000.00		¥ 1,280.00
价税合计（大写）	⊗ 玖仟贰佰捌拾元整					（小写）¥ 9,280.00		
销货单位	名　　称：美迪有限公司 纳税人识别号：914440106789123401 地　址、电　话：广州市白云南路 916 号　8531 ×××× 开户银行及账号：中国工商银行广州分行白云路办　0233123507				备注	美迪有限公司 914440106789123401 发票专用章		

收款人：苏芒　　复核：易艺　　开票人：唐盈　　销货单位（盖章）：

第一联　记账联　销货方记账凭证

图 3—6　发票记账联

3. 交回借支款

【业务 3—4】3 月 11 日，办公室肖洋出差回来报销差旅费 2,950 元，交回现金 50 元。收款收据如图 3—7 所示，差旅费报销单如图 3—8 所示，账务处理如下：

借：管理费用——差旅费　　2,950

　　库存现金　　50

　　贷：其他应收款——肖洋　　3,000

收款收据

第三联：记账联　　20×× 年 3 月 11 日　　No98012500

<table>
<tr><td>交款单位或交款人</td><td>办公室肖洋</td><td>收款方式</td><td>现金</td><td rowspan="2">不得作行政事业性收费收据使用</td></tr>
<tr><td colspan="3">事由 交回多余差旅费
人民币（大写）伍拾元整　　¥ 50.00</td><td>备注：</td></tr>
</table>

收款单位（盖章）美迪有限公司 财务专用章　　收款人（签章）：苏芒

图 3—7　收款收据

差旅费报销单

单位名称：美迪公司　　填报日期：20×× 年 3 月 11 日

<table>
<tr><td colspan="3">姓名</td><td colspan="3">肖洋</td><td colspan="2">出差地点</td><td colspan="4">云南昆明</td><td colspan="2">出差日期</td><td colspan="2">自 20×× 年 3 月 2 日
至 20×× 年 3 月 7 日</td></tr>
<tr><td>事由</td><td colspan="15">公差</td></tr>
<tr><td colspan="3">日期</td><td colspan="2">起讫地点</td><td colspan="2">车船费</td><td colspan="3">在途补助</td><td colspan="3">住勤补助</td><td>杂（宿）费</td><td colspan="2" rowspan="2">备注</td></tr>
<tr><td>年</td><td>月</td><td>日</td><td>起</td><td>讫</td><td>类别</td><td>金额</td><td>行程时间</td><td>标准</td><td>金额</td><td>日数</td><td>标准</td><td>金额</td><td>金额</td></tr>
<tr><td>20××</td><td>3</td><td>2</td><td>广州</td><td>昆明</td><td></td><td>370.00</td><td></td><td></td><td></td><td>6</td><td>200</td><td>1,200.00</td><td>510.00</td><td colspan="2"></td></tr>
<tr><td>20××</td><td>3</td><td>7</td><td>昆明</td><td>广州</td><td></td><td>370.00</td><td></td><td></td><td></td><td></td><td></td><td></td><td>500.00</td><td colspan="2"></td></tr>
<tr><td></td><td></td><td></td><td></td><td></td><td></td><td></td><td></td><td></td><td></td><td></td><td></td><td></td><td></td><td colspan="2"></td></tr>
<tr><td></td><td></td><td></td><td></td><td></td><td></td><td></td><td></td><td></td><td></td><td></td><td></td><td></td><td></td><td colspan="2"></td></tr>
<tr><td colspan="14">以上单据共 15 张　总计金额人民币（大写）贰仟玖佰伍拾元整</td><td rowspan="2">经领人盖章</td><td rowspan="2">肖洋</td></tr>
<tr><td colspan="14">预支差旅费 ¥ 3,000 元，交回现金 ¥ 50 元</td></tr>
</table>

主管　方怡　　审核　胡珍　　出纳　苏芒　　填报人　肖洋

图 3—8　差旅费报销单

4. 小额收款

【业务 3—5】3 月 26 日，收到光华公司交来的包装物押金 800 元现金，收款收据如图 3—9 所示，账务处理如下：

借：库存现金　　800

　贷：其他应付款——光华公司　　800

收款收据

第三联：记账联　　20×× 年 3 月 26 日　　No98012501

交款单位或交款人	光华公司	收款方式	现金
事由收到包装物押金 人民币（大写）捌佰元整　　¥ 800.00			备注：

不得作行政事业性收费收据使用

收款单位（盖章）羌迪有限公司 财务专用章　　收款人（签章）：苏芒

图 3—9　收款收据

第三节　现金支付业务

一、现金支付的原始凭证

1. 工资表

工资表是指各单位按月向职工支付工资的原始凭证。各单位可自行设计印制，也可到商店或有关部门购买。工资结算表如图 3—10 所示，工资结算汇总表如图 3—11 所示。

工资结算表

部门：　　年　月　日

姓名	应发工资					代扣款项		实发金额	签名
	基本工资	经常奖金	各种津贴	加班工资	合计	养老金	个税		

会计主管：　　复核：　　制表：　　编制日期：

图 3—10　工资结算表

工资结算汇总表

年 月 日

部门	应发工资					代扣款项		实发金额	部门签名
	基本工资	经常奖金	各种津贴	加班工资	合计	养老金	个税		
供应科									
生产科									
行政科									
财务科									
合计									

会计主管： 复核： 制表： 编制日期：

图 3—11 工资结算汇总表

2. 报销单

报销单是指各单位内部有关人员为单位购买零星物品、接受单位或个人劳务等办理报销业务，以及单位职工报销医药费等所使用的单据。它通常设计成专门的格式，如差旅费报销单、费用报销单等。

3. 借款借据

借款借据是单位内部所属机构为购买办公用品或职工因公出差等原因向出纳借款时的凭证，如借款审批表等。

二、现金支付处理程序

1. 操作要领

为了使现金支付工作准确无误，支付现金时，要掌握相应的规程和操作要领。

（1）要按顺序逐笔办理。

（2）先看清、审核凭证后再着手支付现金。

（3）付款点票的操作：①当面点数，一笔一清；②先大后小，先整后零；③付整找零。

（4）加盖“现金付讫”戳记并签章。每笔付款业务，在清点票币完毕后，都要在付款的原始凭证上加盖“现金付讫”戳记，据此填制记账凭证，并根据记账凭证逐日逐笔登记库存现金日记账。

2. 处理程序

出纳办理现金支付业务主要有：向银行存入现金、主动支付现金、被动支付现金。

（1）向银行存入现金

单位按规定把现金送存银行，必须对现金进行整理，并填写现金解款单（送款单）。其处理程序如图 3—12 所示。

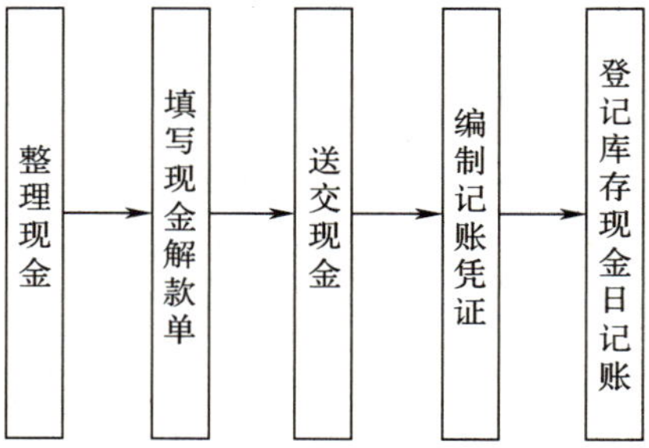

图 3—12　向银行存入现金的处理程序

知识链接

出纳送存现金注意事项

● 凡经整理好的现金，填好现金解款单以后，不宜再调换票面。

● 交款人最好是现金整理人，这样在发生差错时可以明确责任。

● 送存途中必须注意安全，金额较大时最好使用专车并派人护送。

● 临柜交款时，交款人必须与银行柜台收款员面对面交接清点，做到一次交清，不得边清点边交款。

● 交款人交款时，若遇到人多需等候时，应做到钞票不离手，以防发生意外。

（2）主动支付现金

主动支付现金，是指出纳部门主动向收款单位或个人支付现金，如发放工资、奖金、津贴、福利等。其处理程序如图 3—13 所示。

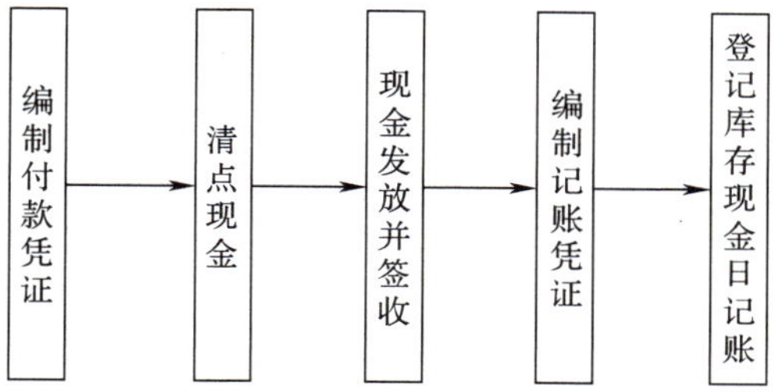

图 3—13 主动支付现金的处理程序

知识链接

现金发放工资注意事项

● 发放工资时，最好用工资袋盛装票币，即根据每个职工的工资数或集体发放时整个部门的工资总额分装不同的工资袋，并附工资发放清单。

● 出纳不可以边装工资袋边发放，而应在全部装袋完毕并核对无误后，才让人来领取。如在核对当中发现其中一个部门或一个人的工资有误，全部人员都不发放，弄清原因、纠正错漏之后才发放。

● 现金发放时，如果是直接发给收款人的，要当面清点并由收款人签收（签字或盖章）；如果是他人代为收款的，由代收人签收（签代收人本人的名或盖代收人本人的章）。

（3）被动支付现金

被动支付现金，是指收款单位或个人持有关凭据（如报销单据、借据等）到出纳部门领报现金，如预借差旅费、报销差旅费、费用报销等。其处理程序如图 3—14 所示。

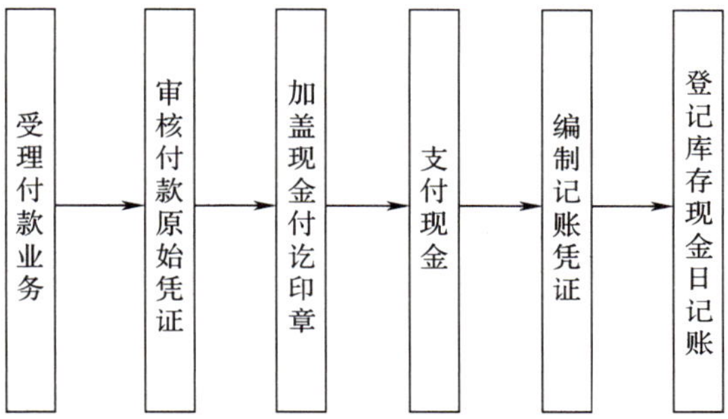

图 3—14 被动支付现金的处理程序

三、现金支付账务处理

1. 预借差旅费

【业务 3—6】3 月 1 日，办公室肖洋预借差旅费 3,000 元，借款审批表如图 3—15 所示，账务处理如下：

借：其他应收款——肖洋　　3,000

　　贷：库存现金　　3,000

借款审批表

20×× 年 3 月 1 日

部门	办公室		借款人	肖洋
借款事由	外出开会			
借款金额	人民币（大写）叁仟元整		¥ 3,000.00	现金付讫
预计还款报销日期		20×× 年 3 月 11 日		
审批意见	同意	借款人签收	肖洋	

会计主管：方怡　　出纳：苏芒

图 3—15　借款审批表

2. 发放工资

【业务 3—7】3 月 5 日，根据工资结算表发放工资 80,000 元，账务处理如下：

借：应付职工薪酬——工资　　80,000

　　贷：库存现金　　80,000

3. 现金送存银行

【业务 3—8】3 月 10 日，将现金 20,880 元送存银行。现金解款单如图 3—16 所示，账务处理如下：

借：银行存款　　20,880

　　贷：库存现金　　20,880

4. 业务招待费报销

【业务 3—9】3 月 15 日，报销业务招待费（餐饮费）560 元，单据 3 张（发票略）。费用报销单如图 3—17 所示，账务处理如下：

借：管理费用——招待费　　560

　　贷：库存现金　　560

中国工商银行现金解款单（回单）

20×× 年 3 月 10 日

此联由银行盖章后退回单位

存款单位	全称	美迪有限公司	开户银行	中国工商银行广州分行白云路办
	账号	0233123507	款项来源	销货款

人民币（大写）	百	十	万	千	百	十	元	角	分
贰万零捌佰捌拾元整		¥	2	0	8	8	0	0	0

票面	张数	万	千	百	十	元	角	分	票面	张数	百	十	元	角	分
壹佰元	205	2	0	5	0	0	0	0	伍角						
伍拾元	6			3	0	0	0	0	贰角						
贰拾元	2				4	0	0	0	壹角						
拾元	3				3	0	0	0	伍分						
伍元	2				1	0	0	0	贰分						
贰元									壹分						
壹元															

本存款单金额银行全部收讫

中国工商银行股份有限公司　广州白云路办　20××.03.10　现金讫

收款员　复核员

图 3—16　现金解款单

费用报销单

报销部门　　20×× 年 3 月 15 日　　单据及附件共 3 张

用途	金额（元）	备注	
业务招待费	560.00		
		领导审批	
现金付讫			
合计	¥ 560.00		
金额（大写）　伍佰陆拾元整		原借款：	应退余额：

会计主管：方怡　　复核：　　出纳：苏芒　　报销人：魏敏

图 3—17　费用报销单

第四节　库存现金的清查

一、库存现金清查方法

进行库存现金清查，目的是加强现金管理，防止现金发生差错、丢失或被贪污、挪用，保证账款相符。

库存现金清查一般采用实地盘点的方法，包括经常性的现金清查、清查小组进行的定期或不定期的盘点核对。

1. 经常性的现金清查

经常性的现金清查，即由出纳人员每日清点库存现金实有数，并与库存现金日记账的账面余额核对。

2. 清查小组进行的定期或不定期的盘点核对

清查小组进行的定期或不定期的盘点核对，即由清查小组对库存现金进行定期或不定期清查。

盘点库存现金时，出纳人员必须在场。重点检查账款是否相符、有无白条抵库、有无私借公款、有无挪用公款、有无账外资金等违纪违法行为。

盘点后，应根据库存现金盘点结果，编制“库存现金盘点报告表”，并由盘点人员和出纳人员及其相关负责人签章，然后据以调整库存现金日记账的账面记录。

二、库存现金账务处理

现金清查中发现的库存现金，实有数额大于账面所记数额，称为现金长款（即现金溢余）；实有数额小于账面所记数额，称为现金短款（即现金短缺）。清查发现的有待查明原因的现金溢余或短缺，通过“待处理财产损溢——待处理流动资产损溢”账户进行核算；待查明原因并经批准后转入有关账户。

1. 现金长款的处理

清查发现现金溢余时，应及时办理库存现金的入账手续，调整库存现金账簿记录，即按溢余的金额借记“库存现金”账户，贷记“待处理财产损溢——待处理流动资产损溢”账户。

待查明原因并经批准后，按溢余的金额借记“待处理财产损溢——待处理流动资产损溢”账户，按需要支付或退还他人的金额贷记“其他应付款”账户，按无法查明原因的金额贷记“营业外收入——盘盈收益”账户。

【业务 3—10】美迪公司在 3 月 28 日的现金清查中，发现库存现金实有数多于账面余额 100 元。编制库存现金盘点报告表，如图 3—18 所示，账务处理如下：

借：库存现金　　100

　　贷：待处理财产损溢——待处理流动资产损溢　　100

库存现金盘点报告表

盘点日期：20×× 年 3 月 28 日

清点现金			核对项目	
货币面额	张数	金额（元）	项目	金额（元）
100 元	60	6,000.00	项目账面余额	6,290.00
50 元	6	300.00	实点现金	6,390.00
20 元	3	60.00	长款（~~或短款~~）	100.00
10 元	1	10.00	备注：原因不明	
5 元	3	15.00		
2 元	1	2.00		
1 元	3	3.00		
5 角	0			
2 角	0			
1 角	0			
实点	合计	6,390.00		

企业负责人：王恺　　会计主管：方怡　　出纳：苏芒　　清点人员：张跃

图 3—18 库存现金盘点报告表——长款

3 月 29 日，现金长款经核实无法查明原因，经批准作为“营业外收入”处理，账务处理如下：

借：待处理财产损溢——待处理流动资产损溢　　100

　　贷：营业外收入——盘盈收益　　100

2. 现金短款的处理

清查发现现金短缺时，应及时调整库存现金账簿记录，即按短缺的金额借记“待处理财产损溢——待处理流动资产损溢”账户，贷记“库存现金”账户。

待查明原因并经批准后，按应由责任人赔偿的金额借记“其他应收款”账户，按无法查明原因的借记“营业外支出——盘亏损失”账户。

【业务 3—11】某公司在 1 月 26 日的一次现金清查中，发现库存现金实有数小于账面余额 30 元。编制库存现金盘点报告表，如图 3—19 所示，账务处理如下：

借：待处理财产损溢——待处理流动资产损溢　　30

　　贷：库存现金　　30

库存现金盘点报告表

盘点日期：20×× 年 1 月 26 日

清点现金			核对项目	
货币面额	张数	金额	项目	金额（元）
100 元	50	5,000.00	项目账面余额	5,586.00
50 元	7	350.00	实点现金	5,556.00
20 元	6	120.00	~~长款~~（或短款）	30.00
10 元	5	50.00	备注： 出纳工作失误	
5 元	3	15.00		
2 元	5	10.00		
1 元	9	9.00		
5 角	4	2.00		
2 角	0			
1 角	0			
实点	合计	5,556.00		

企业负责人：×× 会计主管：×× 出纳：×× 清点人员：××

图 3—19 库存现金盘点报告表——短款

1 月 29 日，现金短款经核实属于出纳工作失误造成，应由其赔偿，账务处理如下：

借：其他应收款——×× 30

　　贷：待处理财产损溢——待处理流动资产损溢 30

第五节 库存现金日记账的登记

一、库存现金日记账的设置

为了详细反映现金收支及结存情况，企业设置“库存现金日记账”进行序时记录。库存现金日记账，是按照现金收付业务发生或完成时间的先后顺序，逐笔登记，用来反映现金增减变动与结存情况的账簿。

库存现金日记账格式一般为三栏式，即在同一张账页上设置“借方”“贷方”“余额”三栏，分别反映现金的收入、支出和结存情况。此外，还在“摘要”栏后设置“对方科目”栏，以具体登记对方科目名称。

如果单位经济业务较为复杂，为了分别反映不同项目在某一特定时期内货币资金收入的来源和去向，可以使用多栏式日记账。

二、库存现金日记账的登记方法

1. 启用库存现金日记账

库存现金日记账每年都应更换新的账簿，当拿到一本新的日记账时，应该做好以下几个方面的工作：

（1）在账簿封面上写明单位名称、账簿名称及所属年份。

（2）出纳日记账使用订本式账簿，启用时应从第一页到最后一页顺序编定页数，不得跳页、缺页。

（3）在账簿扉页上填写账簿启用登记表，如图 3—20 所示。

账簿启用登记表

<table>
<tr><td colspan="2">企业名称</td><td colspan="3">美迪有限公司</td></tr>
<tr><td colspan="2">账簿名称</td><td colspan="3">库存现金日记账</td></tr>
<tr><td colspan="2">册次及起讫页数</td><td colspan="3">自 1 页起至 100 页止，共 100 页</td></tr>
<tr><td colspan="2">启用日期</td><td colspan="3">20××年1月1日</td></tr>
<tr><td colspan="2">停用日期</td><td colspan="3">年 月 日</td></tr>
<tr><td>经管人员姓名</td><td>接管日期</td><td>交出日期</td><td>经管人员盖章</td><td>会计主管盖章</td></tr>
<tr><td>苏芒</td><td>20××年1月1日</td><td>年 月 日</td><td>苏芒</td><td>方怡</td></tr>
<tr><td></td><td>年 月 日</td><td>年 月 日</td><td></td><td></td></tr>
<tr><td></td><td>年 月 日</td><td>年 月 日</td><td></td><td></td></tr>
<tr><td>备考</td><td colspan="2"></td><td>企业印章</td><td>美迪
有限公司</td></tr>
</table>

图 3—20 账簿启用登记表

2. 库存现金日记账的登记依据——收付款凭证

在实际工作中，有些单位根据原始凭证中有关现金收付的原始凭证登记，有些单位根据记账凭证中有关现金收付的记账凭证登记。

3. 库存现金日记账的登记

（1）启用新账簿时，先登记期初余额。

（2）根据审核无误的现金收付款凭证登记本期发生额。

1）日期。填写凭证的日期，按业务发生的先后顺序登记。

2）编号。若库存现金日记账根据记账凭证登记，编号填写记账凭证的编号。若库存现金日记账根据原始凭证登记，编号则为出纳自行为原始凭证所编制的号码。

登账时应将会计凭证的日期、种类、编号、摘要等逐项记入账内，同时在凭证上打“√”，表示该数据已经登记入账，防止漏记、重记。

3）办理“过次页”“承前页”。一页账页登记完毕转下页时，应结出本页合计数及余额，写在本页最后一行和次页第一行有关栏内，并在摘要栏内分别注明“过次页”“承前页”字样，表示衔接。

对现金、银行存款等需要结计本月合计数的账户，“过次页”的合计数为本月月初至本页止的发生数合计，即“过次页”的合计数包括本页“承前页”栏的数据。

4）每日终了，应当计算当日的现金收入合计额、现金支出合计额并结出余额，将结出的余额与实际库存额核对，做到账款相符。

5）月末，进行月结。方法如下：

①每月月末，登记完本月业务后，应在最后一笔业务下方画一条红线，表示本月业务到此为止。

②在下一行分别计算出本月收入合计数、支出合计数及期末余额。在摘要栏写上“本月合计”或“本期借方发生额及期末余额”字样。

③在“本月合计”行下方画一条红线（单红线），表示月结。

6）年末，进行年结。每年年末，在完成 12 月份的月结后，应计算本年收入合计、支出合计及年末余额。在摘要栏写上“本年合计”字样，并在下方画两条红线（双红线），表示封账。

下年初，将上年末余额转入新账簿，作为新一年的年初余额。

知识链接

登记库存现金日记账的注意事项

● 库存现金日记账可以根据原始凭证登记，也可以根据记账凭证登记，不论采用何种凭证均应按时间发生的先后顺序，逐日逐笔登记。

● 按页次顺序连续登记，不得跳行、隔页，若发生跳行、隔页，应注明“此行空白”“此页空白”字样，表示注销，并由出纳加盖名章，以明确责任。

● 为了保证账簿记录清晰持久，以防篡改，记账时必须采用蓝、黑墨水书写，不得使用铅笔和圆珠笔，只有在结账、改错和冲账时，才能使用红色墨水书写。

【业务3—12】根据【业务3—1】至【业务3—10】登记美迪有限公司20××年3月份的库存现金日记账，如图3—21所示。

库存现金日记账

20××年		凭证编号	摘要	对方科目	借方	贷方	余额
月	日						
3	1	（略）	期初				9,000
	1		预借差旅费	其他应收款		3,000	6,000
	5		提现发工资	银行存款	80,000		86,000
	5		发放工资	应付职工薪酬		80,000	6,000
			本日小结		80,000	80,000	6,000
	7		销售A材料	其他业务收入	11,600		17,600
	10		销售甲产品	主营业务收入	9,280		26,880
	10		送存现金	银行存款		20,880	6,000
			本日小结		9,280	20,880	6,000
	11		交回余款	其他应收款	50		6,050
	15		报销招待费	管理费用		560	5,490
	26		收到押金	其他应付款	800		6,290
	28		盘点（长款）	待处理财产损溢	100		6,390
	31		本月合计		101,830	104,440	6,390

图3—21 库存现金日记账

练习题

一、单选题

1. 开户银行根据实际需要核定（　　）天的日常零星开支数额作为单位的库存现金限额。

A. 3~5　　B. 5~10　　C. 10~15　　D. 15~20

2. 现金结算起点为（　　）元。

A. 100　　B. 500

C. 1,000　　D. 5,000

3. 下列做法正确的是（　　）。

A. 企业现金收入应每月送存银行

B. 为方便现金收支，可把公款存入个人账户

C. 超过库存限额的现金应在当天下班前送存银行

D. 企业可以在现金收入中直接支付

4. 下列不能作为现金收入原始凭证的是（　　）。

A. 增值税普通发票　　B. 购销合同

C. 内部收据　　D. 非经营性收据

5. 现金支票的填写要求用（　　），按支票排号顺序填写。

A. 圆珠笔　　B. 蓝墨水笔

C. 碳素墨水笔　　D. 红墨水笔

6. 当单位需要现金时，可按有关规定，由（　　）填写现金支票到开户银行提取现金。

A. 会计人员　　B. 经办人员　　C. 会计主管　　D. 出纳人员

7. 采购人员预借差旅费，以库存现金支付，应借记（　　）账户核算。

A. 库存现金　　B. 管理费用

C. 其他应付款　　D. 其他应收款

8. 盘点库存现金时，（　　）必须在场。

A. 会计人员　　B. 单位法人

C. 会计主管　　D. 出纳人员

9. 盘点后，应根据库存现金盘点结果，编制（　　）。

A. 库存现金盈亏报告表　　B. 库存现金盘点报告表

C. 库存现金盈亏报告单　　D. 库存现金结余表

10. 清查发现现金溢余，且无法查明原因的，应记入（　　）账户。

A. 主营业务收入　　B. 其他业务收入

C. 营业外收入　　D. 营业收入

二、多选题

1. 现金管理应遵循（　　）原则。

A. 实事求是原则　　B. 收付合法原则

C. 钱账分管原则　　D. 日清月结原则

2. 银行结算票据是指银行结算用的（　　）等具有法律支付功能的有价票据。

A. 增值税发票　　B. 银行汇票

C. 商业汇票　　D. 支票

3. 与出纳有关的印章主要有（　　）等。

A. 支票印鉴　　B. 现金收讫、现金付讫章

C. 发票专用章　　D. 银行收讫、银行付讫章

4. 现金收入业务中，直接向顾客和外单位人员收取款项一般包括（　　）等。

A. 按规定预收的定金　　B. 从银行提取现金

C. 收取的各种赔款、罚款、押金　　D. 销售产品（商品）收取货款

5. 下列属于现金支出业务原始凭证的有（　　）。

A. 工资表　　B. 报销单　　C. 产品出库单　　D. 借款借据

6. 采购员报销差旅费涉及的账户有（　　）。

A. 其他应收款　　B. 库存现金

C. 其他应付款　　D. 管理费用

7. 库存现金日记账格式一般为三栏式，即在同一张账页上设置（　　）三栏。

A. 借方　　B. 贷方　　C. 结余　　D. 余额

8. 库存现金盘点，重点检查（　　）、有无账外资金等违纪违法行为。

A. 有无私借公款　　B. 有无挪用公款

C. 账款是否相符　　D. 有无白条抵库借据

9. 关于库存现金的清查，下列说法正确的有（　　）。

A. 库存现金应该每日清点一次

B. 库存现金应该采用实地盘点法

C. 在清查过程中可以用借条、收据充抵库存现金

D. 要根据盘点结果编制“库存现金盘点报告表”

三、判断题

1. 在我国，会计惯例所称现金是指广义现金。（ ）

2. 日清月结原则，是指各单位对现金的管理必须做到按日清理、按月结账。（ ）

3. 库存现金日报表必须由出纳进行编制。（ ）

4. 企业空白内部单据的保管包括空白收据和空白支付证明单等。（ ）

5. 用于签发支票的印鉴必须由出纳保管。（ ）

6. 凡是遇到有同时要办理两笔以上现金收款业务的，必须按业务发生的顺序或来人的先后排队，一笔一笔办理。（ ）

7. 单位按规定把现金送存银行，必须对现金进行整理，并填写现金解款单。（ ）

8. 单位向职工发放工资、奖金、津贴、福利等，属于被动支付现金。（ ）

9. 库存现金清查一般采用实地盘点的方法。（ ）

10. 清查发现的有待查明原因的现金短缺或溢余，通过“待处理流动资产损溢”账户进行核算。（ ）

11. 库存现金日记账的登记，每日终了，应当计算当日的现金收入合计额、现金支出合计额并结出余额。（ ）

12. 出纳日记账使用卡片式账簿，启用时应从第一页到最后一页顺序编定页数，不得跳页、缺页。（ ）

四、业务题

1. 20×× 年 5 月兴达公司发生以下现金收支业务：

（1）3 日，从开户银行提取库存现金 5,000 元备用。

（2）5 日，出租包装物收入库存现金（租金）700 元。

（3）6 日，销售商品货款 800 元，增值税 128 元，共计收入库存现金 928 元。

（4）7 日，开出现金支票提取现金 110,000 元，备发工资。

（5）8 日，以库存现金发放职工工资 110,000 元。

（6）10 日，管理部门职工刘雯出差预借差旅费 3,000 元，以现金付讫。

（7）11 日，职工黄旭报销购买办公用品费 260 元，以现金付讫。

（8）12 日，在库存现金清查中，发现库存现金较账面余额多出 32 元。

（9）13 日，经反复核查，上述库存现金长款原因不明，经批准转入有关账户。

（10）15 日，职工刘雯出差回来报销差旅费 2,800 元，交回剩余现金 200 元。

（11）24 日，在库存现金清查中，发现库存现金较账面余额短缺 50 元。

（12）26 日，经查，上述库存现金短缺属于出纳李伊的责任，应由其赔偿。

（13）28 日，收到出纳李伊赔款 50 元。

（14）30 日，以现金支付医务室购买的药品费用 900 元。

要求：根据以上资料编写会计分录。

2. 20×× 年 5 月新力公司发生以下现金收支业务：

（1）2 日，开出现金支票，从银行提取现金 2,000 元，备用。

（2）5 日，车间主任徐英预借差旅费 3,000 元，以现金付讫。

（3）5 日，以现金支付电话费 560 元。

（4）6 日，办公室李波报销差旅费 380 元，以现金付讫。

（5）9 日，以现金购买办公用品 585.6 元。

（6）10 日，报销业务招待费 430.5 元，以现金付讫。

（7）12 日，开出现金支票，从银行提取现金 35,000 元，备发工资。

（8）12 日，以现金 35,000 元发放工资。

（9）18 日，收到违约方交来违约金 320 元。

（10）22 日，收回采购部门备用金 3,000 元。

（11）23 日，将 2,000 元现金送存银行。

（12）23 日，徐英报销差旅费 2,820 元，交回现金 180 元。

（13）26 日，以现金支付广告费 650 元。

“库存现金”账户期初余额为 3,000 元。

要求：根据以上资料编写会计分录，并登记库存现金日记账。

库存现金日记账

20 年		凭证编号	摘要	对方科目	借方	贷方	余额
月	日						

第四章
银行存款业务

学习目标

- 熟悉银行存款账户的开设过程
- 掌握银行存款账户的使用方法
- 掌握银行存款账户变更、撤销的处理过程
- 掌握银行借款业务
- 能够熟练登记银行存款日记账
- 掌握银行存款的清查方法及处理过程

银行存款同现金一样，具有很大的流动性。与现金相比，银行存款具有金额大、影响大的特点，企业的绝大部分经济业务是通过银行存款的收付过程来完成的，因此管好、用好银行存款非常重要。通过本章的学习，可以了解银行存款业务涉及的内容，学会办理银行存款账户的开设、变更、合并、迁移、撤销和使用等业务。

第一节 银行存款账户的开设

一、银行存款账户

1. 银行存款的概念

银行存款是指企事业单位存放在银行或其他金融机构中的货币资金。它是现代社会经济交往中的一种主要资金结算工具。

2. 银行存款账户的概念

银行存款账户也称为银行结算账户，是指银行为存款人开设的办理资金收付的人民币活期存款账户。

二、银行结算账户的类别

根据《账户管理办法》的规定，银行结算账户按存款人的不同分为个人银行结算账户和单位银行结算账户，如图 4—1 所示。

个人银行结算账户是指自然人因投资、消费、结算等凭个人身份证件以自然人名称开立的可办理支付结算业务的存款账户。

单位银行结算账户是指存款人以单位名称开立银行结算账户，包括基本存款账户、一般存款账户、专用存款账户和临时存款账户。

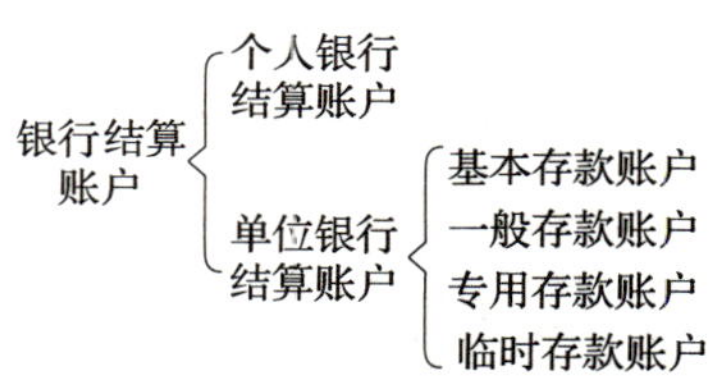

图 4—1 银行结算账户类别

知识链接

结算账户开设

凡是新办的企业在取得工商行政管理部门颁发的营业执照后可选择离办公场地近、办事效率高的银行申请开设自己的结算账户。

个体工商户凭营业执照以字号或经营者姓名开立的银行结算账户纳入单位银行结算账户管理。

邮政储蓄机构办理银行卡业务开立的账户纳入个人银行结算账户管理。

三、单位银行结算账户的开设条件及所需资料

单位可以自主选择银行开立银行结算账户，一般应在注册地或住所地开立银行结算账户。

1. 基本存款账户

基本存款账户是单位因办理日常转账结算和现金收付需要开设的银行结算账户。它是实行独立经济核算的企事业单位在银行开设的主要账户。按照规定，每一存款人只能在银行开立一个基本存款账户。

（1）开设基本存款账户应具备的资格条件

1）企业法人。

2）非法人企业。

3）机关、事业单位。

4）团级（含）以上军队、武警部队及分散执勤的支（分）队。

5）社会团体。

6）民办非企业组织。

7）异地常设机构。

8）外国驻华机构。

9）个体工商户。

10）居民委员会、村民委员会、社区委员会。

11）单位设立的独立核算的附属机构。

12）其他组织。

（2）开设基本存款账户所需证明文件资料

1）企业法人、私营企业、个体经营户申请开设基本存款账户应向银行出具营业执照正本。

2）承包户申请开设基本存款账户，应向银行出具承包协议。

3）其他机构单位开设基本存款账户，应向银行出具有关部门的证明批文。

4）从事生产、经营活动的纳税人，应出具税务机关颁发的税务登记证正本，根据有关规定无法取得税务登记证的，应出示证明其无须办理税务登记证的文件或税务机关出具的证明。

5）凡是持有组织机构代码证书的开户申请人，应出具组织机构代码证书。

2. 一般存款账户

一般存款账户是用于办理单位借款转存、借款归还和其他结算的银行结算账户。该账户可以办理现金缴存，但不得办理现金支取。

（1）开设一般存款账户应具备的资格条件

1）在基本存款账户以外的银行取得借款的单位和个人。

2）与基本存款账户的存款人不在同一地点的附属非独立核算单位。

（2）开设一般存款账户所需证明文件资料

1）开设基本存款账户规定的证明文件、基本存款账户开户登记证。

2）存款人因向银行借款需要开设一般存款账户的单位，应出具借款合同。

3）有关证明存款人因其他结算需要开立一般存款账户，应出具相关证明。

3. 临时存款账户

临时存款账户是单位因临时需要并在规定期限内使用而开设的银行结算账户。

（1）开设临时存款账户应具备的资格条件

1）设立临时机构。只能在其驻地开设一个临时存款账户，不得开设其他银行结算账户。

2）异地临时经营活动。原则上只能在其临时活动地开设一个临时存款账户，但同时承建多个项目的建筑单位，可根据建筑施工和安装合同开设不超过合同个数的临时存款账户。

3）需注册验资。

（2）开设临时存款账户所需证明文件资料

1）外地临时机构应出具当地工商行政管理部门核发的临时执照，并出具当地有关部门同意设立外来临时机构的批文。

2）对企业破产进行清算的，可持人民法院的批文申请开设临时存款账户。

4. 专用存款账户

专用存款账户是单位按照法律、行政法规和规章，对其特定用途资金进行专项管理和使用而开设的银行结算账户。

（1）开设专用存款账户应具备的资格条件

特定用途的资金范围包括基本建设基金，更新改造资金，证券交易结算资金，粮、棉、油收购资金，单位银行卡备用金，社会保障基金，住房基金，党、团、工会设在单位的组织机构经费，其他特定用途并需要专门管理的资金等。

（2）开设专用存款账户所需证明文件资料

1）开设基本存款账户规定文件。

2）基本存款账户开设许可证。

3）基本建设基金、更新改造资金、住房基金、社会保障基金等专用资金需提供主管部门的批文。

4）单位银行卡备用金，应按照中国人民银行批准的银行卡章程的规定出具有关证明和资料。

5）证券交易结算资金，应出具证券公司或证券管理部门的证明。

6）党、团、工会经费应出具该单位或有关部门的批文或证明。

四、开设单位银行结算账户步骤

开设单位银行结算账户步骤为：填写开户申请表、提交有关证明文件、填制并提交印鉴卡片、开户银行审查。

1. 填写开户申请表

各单位要求在银行开设账户必须向开户银行提出申请，填写开户申请表。开户申请表由银行统一印制，其主要内容有：

（1）申请开户单位的名称。

（2）开户证明文件日期。

（3）申请开户单位的性质。

（4）工商行政管理机关批文。

（5）单位地址、电话。

（6）生产经营范围等内容。

各单位在申请开户时，应详细填写申请表上的各项内容。填写完毕后，要加盖本单位全称公章。

2. 提交有关证明文件

开户申请人在填好开户申请表后，将其报送有关单位审查，审查同意后，审查单位要出具证明文件，并加盖证明公章。

（1）全民所有制和集体所有制工商企业到银行办理开户，必须向银行提交其主管部门出具的证明和当地工商行政管理机关核发的企业法人营业执照或营业执照。

（2）机关、医院、学校、社会、团体等单位办理开户，必须向银行提交拨款的财政部门或上一级主管部门出具的审查证明。

（3）部队办理开户必须向银行提交军队军级以上或武警总队财务部门审查后出具的开户证明。

（4）三资企业由会计师事务所出具审查证明。

（5）个体工商户办理开户，应提交由城市街道办事处或农村乡政府出具的证明和工商行政管理机关核发的营业执照。

（6）外地单位常驻（派出）机构办理开户，要提交主管部门和驻地有关部门的审查文件。

（7）各单位的附属机构办理开户，应提交其管辖单位的审查证明，若开设基本存款账户，还须向开户银行提交由中国人民银行当地分支机构核发的开户许可证。

3. 填制并提交印鉴卡片

开户单位在提交开户申请书和有关单位证明的同时，还应填写开户银行的印鉴卡片。印鉴卡片上填写的户名，必须与单位名称一致，在卡片上要加盖单位公章，单位负责人或财务机构负责人及出纳人员三枚印章。

印鉴卡片是开户单位与银行事先约定的一种具有法律效力的付款依据。银行在为开户单位办理结算业务时，凭开户单位预留的印鉴审核支付凭证的真假。若支付凭证上的印章与预留印鉴不符，银行有权拒绝办理付款业务，以保证开户单位银行存款的安全。同时，卡上的印鉴也能明确开户银行的责任，保障了银行的权利不受侵犯。

知识链接

填写印鉴卡片注意事项

- 印鉴卡片上的户名、地址与申请表上的一致。
- 预留银行印鉴必须具有单位公章及私人章。公章可以是行政公章，也可以是财务专用章。私章必须是法人名章或经法人授权的个人名章。
- 所盖印鉴必须清晰。
- 印鉴卡片一式三份，一份开户银行留存，一份开户银行网点留存，一份开户银行账务中心留存。

4. 开户银行审查

开户银行对开户单位提交的开户申请书、有关证明、印鉴卡片、会计人员的“会计证”等文件根据有关规定进行审查。经审查同意后，银行确定账号，登记开户，出售有关票据和结算凭证。

新开账户在 3 个工作日后（不含开户当天）才能启用。即在开户后的 3 个工作日内，开户行只能办理该账户款项的转入，不能办理款项的支出，也不能对存款人出售票据和结算凭证。

但是，注册验资的临时存款账户转为基本存款账户和因借款转存开立的一般存款账户除外。

第二节 银行存款账户的使用

一、银行存款账户使用基本原则

银行存款账户使用的基本原则见表 4—1。

表 4—1 银行存款账户使用基本原则

基本原则	说　明
一个基本存款账户原则	除国家特殊规定外，存款人在银行只能开设一个基本存款账户，不允许开设多个基本存款账户。存款人在其账户内必须有足够的资金，以保证支付
自愿选择原则	存款人可以自主选择银行开设账户，银行也可以自愿选择存款人开设账户，双向自愿。任何单位和个人不得干预存款人和银行开设或使用账户
存款保密原则	银行必须为存款人保密，除国家法律规定的国务院授权中国人民银行总行的监督项目外，银行不代任何单位和个人查询、冻结、扣划存款人账户内的存款，以维护存款人资金的自主支配权
不垫款原则	银行在办理结算时只负责办理结算双方单位的资金转移，不为任何单位垫付资金

企业在使用银行存款账户时，还应认真贯彻执行国家的政策、法令，遵守银行信贷、结算和现金管理有关规定。银行检查时，开户单位应提供账户使用情况的有关资料。

各单位在银行开设的账户，只供本单位业务经营范围内的资金收付，不得出租、出借或转让给其他单位或个人使用。

二、基本存款账户的使用

基本存款账户是存款人的主办账户。存款人日常经营活动的资金收付及其工资、奖金和现金的支取，应通过该账户办理。

1. 基本使用范围

（1）日常经营活动的资金收付。

（2）日常经营活动中工资、资金和现金的支取。

（3）从其开户银行取得的贷款。

2. 可以从单位结算账户转入个人结算账户的款项

（1）工资、奖金收入。

（2）稿费、演出费等劳务收入。

（3）继承、赠予款项。

（4）保险理赔、保费退还等款项。

（5）纳税退还。

（6）农、副、矿产品销售收入。

（7）其他合法款项。

3. 结算款项超过 5 万元的处理

单位结算账户转入个人结算账户的款项单笔超过 5 万元的，还应提供以下付款依据：

（1）代发工资协议和收款人清单。

（2）奖励证明。

（3）新闻出版、演出主办等单位与收款人签订的劳务合同。

（4）保险公司的证明。

（5）税收部门的证明。

（6）农、副、矿产品的购销合同。

（7）其他合法款项的证明。

此外，单位支付给个人的款项应纳税的，应向付款银行提供完税证明。

三、一般存款账户的使用

1. 可以办理单位借款转存、借款归还和其他结算的资金收付。

2. 可以将稿费、演出费等劳务收入，继承、赠予款项，保险理赔，保费退还等款项转入个人结算账户，但不得办理工资奖金的支付。

3. 可以办理现金缴存，但不得办理现金支取。

四、临时存款账户的使用

1. 注册验资账户限于办理验资手续，验资期间只收不付，不得用于往来和结算，不得通存通兑。投资人为单位的，不得以现金方式存入。

2. 临时存款账户应根据开户证明文件确定的期限确定其有效使用期限，但是最长不超过 2 年。

3. 使用期限达 2 年仍需使用的临时存款账户，应先办理销户手续，再重新办理开户手续。

五、专用存款账户的使用

1. 专用存款账户不得办理现金收付业务。

2. 单位银行卡的资金必须由其基本存款账户转入。

3. 基本建设基金、更新改造资金等账户需要支取现金的，应在开户时报当地人民银行批准。

4. 本地建筑施工单位开设的临时存款账户，粮、棉、油收购资金，社保基金，住房基金，党、团、工会经费等专用存款账户可以按照国家现金管理的有关规定支取现金。

第三节 银行存款账户的变更和撤销

一、银行存款账户的变更

1. 需变更银行存款账户资料的情况

（1）存款单位更改名称，但不改变开户银行及账号。

（2）存款单位变更名称，但不继续使用原账号。

（3）存款单位法定代表人或主要负责人发生变更。

（4）存款单位住址迁移。

（5）将基本存款账户变更为一般存款账户。

（6）变更银行预留印鉴。

2. 账户名称的变更

（1）存款人更改名称，但不改变开户银行及账号的，应于5个工作日内向开户银行提出银行存款账户的变更申请，并出具有关部门的证明文件。

（2）单位法定代表人或主要负责人、住址以及其他开户资料发生变更时，应于5个工作日内书面通知开户银行并提供有关证明文件。

（3）单位遗失预留公章或财务专用章的，应向开户银行出具书面申请、开户登记证、营业执照等相关证明文件。

3. 预留印鉴的更换

当存款人名称、主要负责人、住址以及其他资料发生变更时，出纳应该填写“更换印鉴通知”和申请书，申请更换印鉴，如图4—2所示。

通知日期　　　年　月　日（新开户此栏无须填写）

前送印鉴卡，现以更换（式样见本卡另一面）自　年　月　日起启用，旧印鉴同时作废，请代注销。在更换印鉴以前本户开出的凭证在规定期限以内前来取款时，旧印鉴继续有效。此致。	存户盖章：（加盖全部旧印鉴）

图4—2　更换印鉴通知

4. 账户的迁移

存款单位迁移账户时，如在同城，由迁出行出具证明，迁入行凭以开设新账户；如搬迁到外地，需要重新按规定办理开户手续。在搬迁过程中，可以暂时保留原账户，但是，在搬迁结束后，单位已在新地点恢复生产经营的，原账户应在1个月内办理结算。

二、银行存款账户的撤销

撤销是指存款人因开户资格或其他原因终止银行存款账户使用的行为。

1. 撤销银行存款账户的原因

下列情况需要撤销银行存款账户。

（1）被撤并、解散、宣布破产或关闭，工商管理部门不再为其换发到期营业执照的。

（2）注销、被吊销营业执照的。

（3）因迁址需要变更开户银行的。

（4）一年未发生收付活动且欠开户银行债务的单位。

（5）其他原因需要撤销银行存款账户的。

2. 撤销银行存款账户的流程

（1）填写银行存款账户撤销申请书（见图 4—3）。

银行存款账户撤销申请书

账户名称		
账号		
开户银行名称		
账户性质	基本存款账户 （ ） 专用存款账户 （ ） 一般存款账户 （ ） 临时存款账户 （ ） 个人银行存款账户 （ ）	
开户核准号		
销户原因		
缴回凭证名称及号码		余款转入________ 账号________
本存款人申请撤销上述银行存款账户 法定代表人 单位 （公章） 或负责人 （签章） 或个人 （签章） 年 月 日		开户银行审核意见： 经办人 （签章） 开户银行 （业务公章） 年 月 日

图 4—3 银行存款账户撤销申请书

（2）提供销户经办人身份证。

（3）撤销基本存款账户的，应交回基本存款账户的开户许可证原件及复印件。

（4）交回购证卡、预留印鉴、各种重要空白票据及结算凭证。

（5）与银行核对存款余额。

3. 撤销银行存款账户的相关规定

（1）存款人未清偿开户银行债务的，不得申请撤销该账户。

（2）存款超过规定期限未主动办理撤销银行存款账户手续的，银行有权停止其银行存款账户的对外支付。

（3）存款人未按规定交回各种重要空白票据及结算凭证的，应出具有关证明，造成损失的，由其自行承担。

知识链接

撤销银行存款账户注意事项

● 存款人因被撤并、解散、宣布破产或关闭等情况撤销银行存款账户的，应先撤销一般存款账户、专用存款账户、临时存款账户，将账户资金转入基本存款账户后，方可办理基本存款账户的撤销。

● 撤销注册验资成功的临时存款账户，验资款项只能划转到其基本存款账户。

● 注册验资不成功的，款项只能退回原投资人，不得划转他人，注册验资款项以转账方式转入的，不得提取现金。

● 办理注册验资账户销户及退款的经办人必须为投资人，不得委托他人代理。

第四节 银行借款业务

银行借款是指企业根据其生产经营业务的需要，为弥补自有资金不足，而向银行借入的款项，是企业从事生产经营活动资金的重要来源。

一、银行借款的种类

1. 按借款期限划分，分为短期借款、中期借款、长期借款，具体见表 4—2。

表 4—2 按借款期限划分借款

种类	说明
短期借款	短期借款是指借款期限在 1 年（含 1 年）的各种借款。目前主要有 6 个月、1 年等期限档次的短期借款。这种借款也称为流动资金贷款 短期借款手续简便，偿还期限短，但是对单位短期偿还能力要求较高
中期借款	中期借款是指借款期限在 1 年以上（不含 1 年）、5 年以下（含 5 年）的各类借款
长期借款	长期借款是指借款期限在 5 年（不含 5 年）以上的各类借款。获取长期借款手续较复杂，限制条件多，对单位的长期偿还能力要求较高

2. 按是否提供担保划分，主要分为委托借款、信用借款、担保借款、票据贴现等，具体见表 4—3。

表 4—3 按是否提供担保划分借款

种类	说明
委托借款	委托借款是指由政府部门、企事业单位及个人等委托人提供资金，由借款人（即受托人）根据委托人确定的借款对象、用途、金额、期限、利率等代为发放、监督使用并协助收回的借款。借款人（受托人）只收取手续费，不承担借款风险
信用借款	信用借款是指以借款人的信誉发放的借款。其特征就是债务人无须提供抵押品或第三方担保，仅凭自己的信誉就能取得借款，并以借款人信用程度作为还款保证。信用借款是我国银行长期以来的主要放款方式。由于这种借款方式风险较大，一般要对借款方的经济效益、经营管理水平、发展前景等情况进行详细考察，以降低风险
担保借款	担保借款是指有一定的担保人做保证或利用一定的财产作抵押或质押而取得的借款
票据贴现	票据贴现是指借款人将未到期商业票据（银行承兑汇票或商业承兑汇票）转让给银行，取得扣除贴现利息后的资金

二、申办借款应具备的条件

根据国家有关规定，向银行申请办理贷款的单位必须具备下列条件：

1. 借款单位必须是经主管部门或县以上工商行政管理机关批准设立、注册登记的，并持有营业执照的单位。

2. 企业必须在银行开立账户，有经济收入和还款能力。

3. 固定资产借款项目、借款单位的项目建议书、可行性报告和初步设计已批准，并已列入国家固定资产投资计划。

4. 借款企业必须是实行独立经济核算、单独计算盈亏、单独编制会计报表、有对外签订交易合同权力的企业。

5. 借款单位必须有正常生产经营所需的一定数量的自有资金，并保证完整无缺。

6. 借款单位必须提供银行认可的借款担保人或抵押品做担保，并按时向银行报送有关财务、统计报表，接受银行的贷款监督和检查。

三、银行贷款方法

1. 逐笔申请，逐笔核贷，逐笔核定期限，到期收回，周转使用。这是指企业每贷一笔款项，都要向银行提出申请，银行对每笔贷款加以审核，如果同意发贷，对每笔贷款都要核定期限，贷款期满则要按期收回。收回后指标可以继续使用。这种方法适用于工业企业的生产周转贷款。

2. 逐笔申请，逐笔核贷，逐笔核定期限，到期收回，贷款指标一次使用，不能周转。这种方法适用于专项贷款，如基本建设贷款、技术改造贷款等。

3. 一次申请，集中审核，定期调整。这是指企业一年或一个季度办理一次申请贷款手续，银行一次集中审核。这种方法适合于结算贷款。企业需要这方面贷款时，由银行根据可贷款额度定期调整，贷款不受指标限制，企业不必逐项申请。

4. 每年或每季一次申请，由银行集中审核，根据实际情况下达一定时期内的贷款指标，企业进货时自动增加贷款，销售时直接减少贷款。贷款期限不定期，在指标范围内，贷款可以周转使用，需要增加指标则需另行申请。这种方法适用于商品流转贷款和物资供销贷款。

四、贷款证

贷款证是指企业向国内商业银行申请贷款的凭证。该证由当地中国人民银行统一印制、颁发给注册地法人企业，作为商业银行审查贷款的重要依据之一。

申办贷款证需要提供的资料如下:

1. 企业法人营业执照正本复印件，并出示副本原件。

2. 企业注册资本的验资报告复印件或有关注册资本来源的证明材料。

3. 企业启用或刻印行政公章的证明文件。

4. 企业法定代表人身份证复印件及履历证明材料。

5. 中华人民共和国企业代码证书复印件。

6. 发证机关要求的其他材料。

在以上文件齐备并经审查无误后，发证机关应在 1 个月内为企业颁发贷款证。贷款证经发证机关加盖公章后开始生效。

五、办理借款的程序

办理借款的程序，一般分为以下三步。

1. 填写借款申请书

借款单位借款时，应先填写借款申请书（见图 4—4），并提供以下有关资料：

（1）借款单位上一年度经工商行政管理部门办理年检手续证明文件的复印件。

（2）借款单位上一年度和最近一期的财会报告及生产经营、物资材料供应、产品销售和出口创汇计划及有关统计资料。

借款申请书

<table>
<tr><td>借款人</td><td colspan="2"></td><td colspan="2">经济性质</td><td></td></tr>
<tr><td>开户银行</td><td colspan="2"></td><td colspan="2">营业执照号码</td><td></td></tr>
<tr><td>结算账户</td><td colspan="2"></td><td colspan="2">注册资金</td><td></td></tr>
<tr><td>法定代表人</td><td colspan="2"></td><td colspan="2">电话</td><td></td></tr>
<tr><td>借款人住所</td><td colspan="5"></td></tr>
<tr><td colspan="6">申请借款金额　（大写）</td></tr>
<tr><td colspan="2">借款种类</td><td colspan="2">借款期限</td><td colspan="2">借款利率</td></tr>
<tr><td>借款方式</td><td></td><td>还款来源</td><td></td><td>还款方式</td><td></td></tr>
<tr><td colspan="6">借款原因及用途</td></tr>
<tr><td colspan="2">借款人　（公章）</td><td colspan="2">法定代表人　（签字）
年　月　日</td><td colspan="2">财务负责人　（签字）
年　月　日</td></tr>
</table>

图 4—4　借款申请书

（3）借款单位的贷款证，借款单位在银行开立基本账户情况、其他账户情况、原有借款的还本付息情况。

（4）借款单位财务负责人的资格证书及聘用书复印件。

（5）购销合同复印件或反映企业资金需求的有关凭证、资料，项目建设书或项目可行性研究报告和国家有关部门的批准文件原件。

（6）非负债的自筹资金落实情况的证明文件。

（7）其他资料。

2. 银行审查

银行对借款单位进行两方面的审查：一方面是形式审查，即检查借款申请书有关内容的填写是否符合要求，有关的批准文件、计划是否具备等；另一方面是实体审查，即检查借款申请书有关内容是否真实、正确、合法。对符合贷款条件的项目，银行同意贷款。

3. 签订借款合同

银行同意单位的申请，双方可签订借款合同。在借款合同中，应明确规定贷款的种类、金额、用途、期限、利率、还款方式、结算办法和违约责任等条款，以及当事人双方商定的其他事项。

第五节　银行存款日记账的登记

银行存款日记账是用来核算和监督银行存款每日的收入、支出和结余情况的账簿，即专门用来记录银行存款收支业务的一种特种日记账。

一、银行存款日记账的设置

银行存款日记账应按企业在银行开设的账户和币种分别设置，每个银行账户设置一本日记账，其格式有“三栏式”“多栏式”和“收付分页式”三种。手工记账的单位银行存款日记账必须采用订本式账簿。

二、银行存款日记账的登记方法

由出纳根据与银行存款收付业务有关的记账凭证，按时间先后顺序逐日逐笔进行登记，每日结出存款余额。

银行存款日记账的登记方法与库存现金日记账的登记方法基本相同，具体见表 4—4。

表 4—4 银行存款日记账的登记方法

栏目	说 明
日期栏	指记账凭证的日期
凭证栏	指登记入账的收付款凭证的种类和编号（与库存现金日记账的登记方法一致）
摘要栏	摘要说明登记入账的经济业务的内容，文字要简练，但能概括说明问题
对方科目	指银行存款收入的来源账户或支出的用途账户，其作用在于了解经济业务的来龙去脉
结算凭证	是根据办理结算的回单或收款通知等填写结算凭证的类别和凭证编号
收入、支出栏	指银行存款实际收付的金额，按时间先后顺序逐日逐笔进行登记
余额栏	是每日业务终了时，根据当日的银行存款收入合计数、银行存款支出合计数进行计算，结出每日存款余额

【业务 4—1】美迪有限公司 20×× 年 3 月份发生以下银行存款业务：

1. 2 日，收回销货款 85,000 元，存入银行（银收 801 号）。
2. 5 日，从银行提取现金 80,000 元，准备发放工资（银付 801 号）。
3. 6 日，开出金额为 11,000 元的转账支票购买办公用品（银付 802 号）。
4. 6 日，以银行存款支付所欠货款 19,000 元（银付 803 号）。
5. 10 日，把 21,060 元现金送存银行（现付 802 号）。
6. 12 日，从银行提取现金 2,000 元备用（银付 804 号）。
7. 15 日，收到投资 80,000 元，存入银行（银收 802 号）。
8. 19 日，购入原材料，价税合计 49,500 元，以银行存款支付（银付 805 号）。
9. 25 日，开出金额为 500 元的支票，支付材料运费（银付 806 号）。
10. 28 日，收到银行付款通知，支付本月电费 1,800 元（银付 807 号）。

根据发生的银行存款业务，登记银行存款日记账，如图 4—5 所示。

银行存款日记账

20××年		凭证编号	摘要	对方科目	结算凭证	借方	贷方	余额
月	日							
3	1		期初					106,340
	2		收回销货款	应收账款	银收 801	85,000		191,340
	5		提现备发工资	库存现金	银付 801		80,000	111,340
	6		购买办公用品	管理费用	银付 802		11,000	100,340
	6		支付货款	应付账款	银付 803		19,000	81,340
	10		送存现金	库存现金	现付 802	21,060		102,400
	12		提现备用	库存现金	银付 804		2,000	100,400
	15		收到投资	实收资本	银收 802	80,000		180,400
	19		购买材料	在途材料等	银付 805		49,500	130,900
	25		支付运费	在途材料等	银付 806		500	130,400
	28		支付电费	应付账款	银付 807		1,800	128,600
	31		本月合计			186,060	163,800	128,600

图 4—5 银行存款日记账

第六节 银行存款的清查

银行存款清查，是指将开户银行定期送来的对账单与本单位的银行存款日记账逐笔进行核对，以查明银行存款收付金额及余额是否相符。

一、银行对账单与银行存款日记账不符的原因

银行对账单上的余额，常与企业银行存款日记账余额不一致。导致这种情况主要有两种原因。

1. 记账错误

企业或银行记账错误，如企业在几家银行同时开户，记账时可能发生银行之间串户错误，同样银行也可能把各种存款企业账目相互混淆。

2. 未达账项

未达账项是指企业与银行双方均无记账错误，由于双方记账时间不同而发生

的一方已入账，另一方尚未入账的事项。未达账项具体有以下四种情况：

（1）企业已收，银行未收。如企业送存银行的转账支票，企业根据“进账单”回单联记银行存款增加，而银行由于未办完有关的手续而尚未收款入账。

（2）企业已付，银行未付。如企业开出的支票，企业根据支票存根记银行存款减少，由于持票人尚未办理转账手续，而银行尚未付款入账。

（3）银行已收，企业未收。如企业委托银行托收的款项，银行收到款项并已登记企业存款增加，而企业因未收到收款通知，尚未记账。

（4）银行已付，企业未付。如银行代企业划付的款项，银行已记企业存款减少，而企业因未收到付款通知，尚未记账。

二、清查步骤

1. 将本单位银行存款日记账与银行对账单，以结算凭证的种类、号码和金额为依据，逐日逐笔核对。凡双方都有记录的，用铅笔在金额旁打上记号“√”。

2. 找出未达账项，即银行存款日记账和银行对账单中没有打“√”的款项。

3. 将银行存款日记账和银行对账单的月末余额及找出的未达账项填入银行存款余额调节表，并计算出调整后的余额。

4. 将调整平衡的银行存款余额调节表，经主管会计签章后，呈报开户银行。

知识链接

银行存款余额调节表的作用

银行存款余额调节表是一种对账记录或对账工具，不能作为调整账面记录的依据，只是为了查清未达账项，从而查明银行存款的实际余额。它不是原始凭证，也不是记账凭证，不能根据它调整账面记录。对企业尚未记录的那些未达账项，企业只有在收到有关银行结算凭证时，才能据以进行账务处理。

三、银行存款余额调节表的编制

每月月底，应分别将各户头的银行存款日记账与银行对账单核对，并分别编制各户头的银行存款余额调节表，把银行、企业双方的未达账项补充登记齐全，然后计算出调节后的余额，再进行核对。如果不相等，则说明记账有误。

调整时，应以双方的账面余额为基础，各自加上对方已收自己未收的款额，减去对方已付自己未付的款额。余额调整公式为：

企业银行存款日记账余额＋银行已收企业未收－银行已付企业未付

＝银行对账单余额＋企业已收银行未收－企业已付银行未付

【业务 4—2】美迪有限公司 20×× 年 3 月 31 日的银行存款日记账余额为 128,600 元，银行对账单余额为 141,420 元，经逐笔核对，发现存在以下未达账项：

1. 公司因购买设备开出 205# 转账支票一张，金额为 11,700 元，公司已入账，但持票人尚未到银行办理转账手续。

2. 公司因销售商品收到购货方开具的转账支票一张，金额为 9,360 元，将支票送存银行后公司做收入入账，但是银行尚未办理入账手续。

3. 公司委托银行代收外地销货款 14,040 元，银行已收款入账，但公司尚未收到收款通知。

4. 计算借款利息 3,560 元，银行已支付，但是公司尚未收到付款通知。

根据上述资料，编制的银行存款余额调节表如图 4—6 所示。

银行存款余额调节表

项目	金额	项目	金额
银行存款日记账余额	128,600	银行对账单余额	141,420
加：银行已收、企业未收款	14,040	加：企业已收、银行未收款	9,360
减：银行已付、企业未付款	3,560	减：企业已付、银行未付款	11,700
调节后余额	139,080	调节后余额	139,080

图 4—6　银行存款余额调节表

练习题

一、单选题

1. 新开设银行账户在（　　）个工作日后（不含开户当天）才能启用。

A. 2　　B. 3　　C. 4　　D. 5

2. 临时存款账户应根据开户证明文件确定的期限确定其有效使用期限，但是最长不超过（　　）年。

A. 1　　B. 2　　C. 3　　D. 4

3. 企业办理借款转存、归还业务应通过（　　）进行。

A. 临时存款账户　　B. 一般存款账户

C. 专用存款账户　　D. 基本存款账户

4. 票据贴现是指借款人将未到期的（　　）转让给银行，取得扣除贴现利息后的资金。

A. 支票　　B. 银行汇票　　C. 银行本票　　D. 商业汇票

5. 逐笔申请，逐笔核贷，逐笔核定期限，到期收回，周转使用，这种银行借款方法适用于（　　）。

A. 商品流转贷款和物资供销贷款　　B. 专项贷款

C. 工业企业的生产周转贷款　　D. 结算贷款

6. 银行存款日记账格式有“三栏式”“多栏式”和（　　）。

A. 收付分页式　　B. 收付分账式

C. 收付分栏式　　D. 收付分列式

7. 银行存款清查，是指将开户银行定期送来的对账单与本单位的（　　）逐笔进行核对。

A. 银行存款明细账　　B. 银行存款分类账

C. 银行存款总账　　D. 银行存款日记账

8. 银行存款余额调节表应由（　　）编制。

A. 银行人员　　B. 会计主管　　C. 出纳人员　　D. 会计人员

二、多选题

1. 单位银行结算账户包括（　　）。

A. 临时存款账户　　B. 一般存款账户

C. 专用存款账户　　D. 基本存款账户

2. 开户单位在提交开户申请书和有关单位证明的同时，还应填写开户银行的印鉴卡片。在卡片上要加盖单位公章及（　　）。

A. 单位负责人印章

B. 财务机构负责人印章

C. 出纳人员印章

D. 单位负责人印章或财务机构负责人印章

3. 专用存款账户，是为单位特定用途资金进行专项管理和使用而开设的银行结算账户。特定用途资金包括（　　）。

A. 基本建设基金　　B. 单位银行卡备用金

C. 更新改造资金　　D. 粮、棉、油收购资金

4. 以下属于银行存款账户使用的基本原则有（　　）。

A. 自愿选择原则　　B. 存款保密原则

C. 不垫款原则　　D. 存取自由原则

5. 银行借款按借款期限可划分为（　　）。

A. 短期借款　　B. 中期借款

C. 长期借款　　D. 中长期借款

6. 按是否提供担保划分，借款主要分为（　　）等。

A. 票据贴现　　B. 信用借款

C. 委托借款　　D. 担保借款

7. 办理借款的程序，一般分为（　　）等步骤。

A. 填写借款申请书　　B. 银行审查

C. 签订借款合同　　D. 发放贷款

8. 未达账项具体有（　　）等情况。

A. 银行已付，企业未付　　B. 企业已收，银行未收

C. 企业已付，银行未付　　D. 银行已收，企业未收

三、判断题

1. 按照规定，每一存款人只能在银行开设一个存款账户。（　　）

2. 单位可以自主选择银行开设银行结算账户，一般应在注册地或住所地开立银行结算账户。（　　）

3. 基本存款账户是单位办理日常结算业务开设的银行结算账户。（　　）

4. 单位同时承建多个项目的建筑单位，可根据建筑施工和安装合同开设不超过合同个数的临时存款账户。（　　）

5. 单位日常经营活动的资金收付及其工资、奖金和现金的支取，应通过一般存款账户进行办理。（　　）

6. 专用存款账户允许办理现金收支业务。（　　）

7. 银行存款账户撤销是指存款人因开户资格或其他原因终止银行存款账户使用的行为。（　　）

8. 借款单位必须是经主管部门或县区以上工商行政管理机关批准设立、注册登记的，并持有营业执照的单位。（　　）

9. 银行存款日记账是指专门用来记录银行存款收支业务的一种特种明细账。（　　）

10. 手工记账的单位，其银行存款日记账采用活页式账簿。（　　）

11. 银行存款日记账由出纳根据与银行存款收付业务有关的记账凭证，按时间先后顺序逐日逐笔进行登记，按日结出存款余额。（　　）

12. 未达账项，是由企业或银行其中一方记账错误产生的。（　　）

四、业务题

1. 丽迪工厂 20×× 年 5 月初，库存现金余额为 5,000 元，银行存款余额为 300,000 元，本月发生下列经济业务：

（1）1 日，收到银行转来付款通知，支付上月应交税费 6,000 元。

（2）3 日，投资者投入资本金 200,000 元，已存入银行。

（3）5 日，购买甲材料一批，价款 11,000 元，增值税 1,760 元，材料已验收入库，货款已支付。

（4）6 日，开出现金支票 150,000 元，从银行提取现金，以备发放工资。

（5）7 日，以现金发放本月职工工资 150,000 元。

（6）7 日，办公室高欣预借差旅费 2,000 元，以现金付讫。

（7）9 日，开出现金支票，从银行提取现金 3,500 元备用。

（8）10 日，职工王芳报销医药费 170 元，以现金付讫。

（9）10 日，职工李莉交现金 190 元，偿还上月欠交赔偿款。

（10）12 日，高欣报销差旅费 2,300 元，300 元以现金付讫。

（11）15 日，以银行存款 11,000 元偿付上月所欠购材料的货款。

（12）17 日，以银行存款支付下季度报刊费 1,200 元。

（13）20 日，向工商银行借入期限为三个月的借款 180,000 元。

（14）20 日，以银行存款偿还前欠光明公司货款 10,000 元。

（15）22 日，接银行收款通知，华冠工厂前欠货款 31,000 元已收存银行。

（16）25 日，销售甲产品一批，售价 200,000 元，增值税 32,000 元，货款已收到。

（17）28 日，接银行付款通知，支付本月电费 21,000 元，增值税 3,360 元。

（18）28 日，接银行付款通知，支付本月水费 1,900 元，增值税 190 元。

（19）29 日，以银行存款上交所得税 30,000 元。

（20）30 日，向建设银行借入期限为两年的借款 500,000 元。

要求：根据以上业务编写会计分录，并登记银行存款日记账。

银行存款日记账

20　年		凭证编号	摘要	对方科目	借方	贷方	余额
月	日						

2. 华艺有限公司 20×× 年 7 月份的银行存款日记账余额为 41,000 元，银行对账单余额为 39,000 元。经逐笔核对，发现未达账项如下：

（1）23 日，银行计算企业存款利息 51,000 元，已记入企业存款账户，企业尚未收到通知。

（2）25 日，企业开出金额为 2,000 元的现金支票购买办公用品，持票人尚未到银行取款。

（3）27 日，企业经济纠纷案败诉，银行代扣违约罚金 6,000 元，企业尚未收到银行付款通知。

（4）31 日，企业销售产品，收到购货单位一张金额为 50,000 元的转账支票，已送存银行，但银行尚未入账。

要求：根据上述未达账项编制银行存款余额调节表。

银行存款余额调节表

单位名称：　　　　　　　　　　　　年　月　日

项目	金额	项目	金额
银行存款日记账余额		银行对账单余额	
加：		加：	
减：		减：	
调节后余额		调节后余额	

3. 格林公司 20×× 年 8 月份的银行存款日记账余额为 845,000 元，银行对账单余额为 870,000 元，经查发现以下未达账项：

（1）公司送存银行的转账支票 14,000 元，银行尚未入账。

（2）委托银行代收的销货款 8,000 元，银行已经收到入账，但公司尚未收到银行收款通知。

（3）银行代交本月水费 5,000 元，公司尚未收到银行付款通知。

（4）公司开出转账支票 6,000 元购买材料，持票人尚未到银行办理手续。

（5）经查银行错将伊犁公司的货款 30,000 元打入格林公司账户。

要求：根据上述资料编制格林公司的银行存款余额调节表。

银行存款余额调节表

单位名称： 年 月 日

项目	金额	项目	金额
银行存款日记账余额		银行对账单余额	
加：		加：	
减：		减：	
调节后余额		调节后余额	

4. 高洁公司 20×× 年 5 月最后 3 天银行存款日记账和银行对账单有关记录如下：

（1）高洁公司银行存款日记账的记录

日期	摘要	金额
5 月 29 日	销售商品收到 98 # 转账支票一张	15,000
5 月 29 日	开出 78 # 现金支票一张	1,000
5 月 30 日	收到华越公司交来的 355 # 转账支票一张	3,800
5 月 30 日	开出 105 # 转账支票支付货款	17,100
5 月 31 日	开出 106 # 转账支票支付明年报刊订阅费	500
5 月 31 日	月末余额	147,800

（2）银行对账单的记录（假定银行记录无误）

日期摘要	摘要	金额
5 月 29 日	支付 78 # 现金支票	1,000
5 月 30 日	收到 98 # 转账支票	15,000
5 月 30 日	收到托收的货款	25,000
5 月 30 日	支付 105 # 转账支票	11,700
5 月 31 日	结转银行结算手续费	100
5 月 31 日	月末余额	174,800

要求：编制高洁公司完成错账更正后的银行存款余额调节表。

银行存款余额调节表

单位名称： 年 月 日

项目	金额	项目	金额
银行存款日记账余额		银行对账单余额	
加：		加：	
减：		减：	
调节后余额		调节后余额	

第五章

支付结算——票据结算

学习目标

- 了解支付结算的概念和类型
- 了解支票、银行汇票、银行本票、商业汇票的概念
- 熟悉常见票据结算方式的相关规定
- 掌握常见票据结算的业务流程及账务处理程序

各单位之间的经济往来，除了根据现金管理规定可以使用现金结算以外，都必须通过银行办理转账结算。各单位转账结算业务一般由出纳经办。因此，出纳必须知道支付结算的种类及相关规定，掌握各种结算办法的业务流程，熟练填制各种结算凭证，能够办理结算业务。

第一节 支付结算概述

一、支付结算的概念

结算是指经济往来所引起的货币的收付行为，结算包括现金结算和支付结算。

使用现金进行的结算称为现金结算，这种结算方式主要用于对个人的款项收付。通过银行将款项从付款单位账户划转到收款单位账户，这种结算方式称为支付结算。

二、支付结算的作用

1. 与现金结算相比，支付结算不仅可以缩短结算过程，而且结算简便、迅速、安全。

2. 支付结算可以使大量现金从流通中脱离出来，不仅可以减少人民币印刷、清点、保管、运输造成的人力、财力、物力的耗费，而且为有计划地组织和调节货币流通创造了条件。

3. 支付结算可以维护正当的经济往来，制止违反财经纪律的行为，保障国民经济平稳发展。

三、支付结算的基本规定

1. 支付结算的原则

（1）恪守信用，履约付款

根据该原则，结算当事人必须依照共同约定的民事法律关系内容享受权利和承担义务，严格遵守信用，依约履行付款义务，必须按照约定的付款金额和付款时限支付。

这一原则对有付款义务的当事人具有约束力，是维护经济合同秩序、保障当事人经济利益的重要保证。

（2）谁的钱进谁的账，由谁支配

银行作为资金结算的中介机构，在办理结算时必须遵循存款人委托，按照其意志，保证将所收款项支付给其指定的收款人；对存款人的资金，除国家法律另有规定外，必须由其自主支配，其他任何单位、个人以及银行本身都不得对其资金进行干预和侵犯。

这一原则主要在于维护存款人对存款资金的所有权或经管权，保证其对资金的自主支配权，既保护了存款人的合法权益，又加强了银行办理结算的责任。

（3）银行不垫款

根据该原则，银行办理结算只负责办理结算当事人之间的资金转移，而不能在结算过程中为其垫付资金。

这一原则主要在于划清银行资金和存款人资金的界限，从而保证了银行资金的安全。

2. 支付结算的基本要求

（1）单位和个人办理结算必须遵守国家的法律、法规，以及支付结算办法的各项规定。

（2）各项经济往来，除了按照国家现金管理的规定可以使用现金外，都必须办理转账结算。

（3）银行按照结算办法的规定审查票据、结算凭证和有关单证。收付双方发生的经济纠纷，应由其自行处理，或向仲裁机关、人民法院申请调解、裁决。

（4）票据和结算凭证是办理结算的依据。单位和个人办理结算必须使用银行统一的票据和结算凭证。

（5）在银行开立账户的单位和个人办理转账结算，账户内需有足够的资金保证支付。没有开立账户的个人向银行交付款项也可以办理转账结算。

（6）银行依法为单位、个人的存款保密，维护其资金的自主支配权。除国家法律规定和国务院授权中国人民银行总行的监督项目外，其他部门和地方委托监督的事项，各银行均不予受理，不代任何单位查询、扣款，不得停止单位、个人存款的正常支付。

（7）单位和个人办理结算，由于填写结算凭证有误影响资金使用，票据和印章丢失造成资金损失的，由其自行负责。

（8）单位和个人办理结算，必须严格遵守支付结算办法的规定，不准出租、出借账户，不准签发空头支票和远期支票，不准套取银行信用。

四、支付结算的种类

支付结算分为两大类：第一类是票据结算方法，包括支票、银行本票、银行汇票和商业汇票等；第二类是非票据结算方法，包括汇兑、托收承付和委托收款、信用卡和网上银行等，如图 5—1 所示。

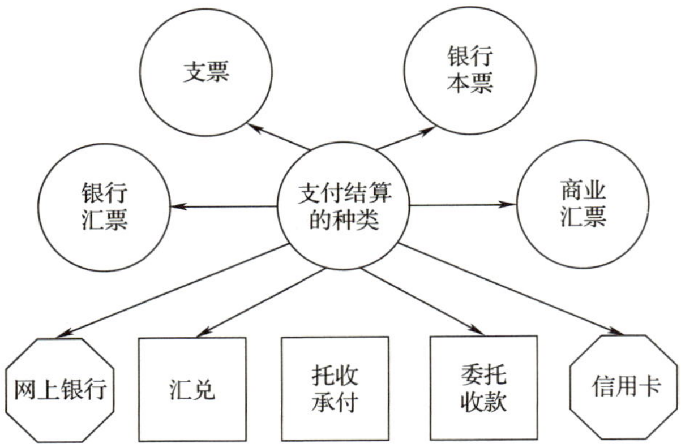

图 5—1 支付结算的种类

第二节 支票业务

一、支票的管理规定

1. 支票的概念

支票是出票人签发的，委托办理支票存款业务的银行在见票时无条件支付确定的金额给收款人或者持票人的票据。

支票结算是应用很广泛的一种结算方式，具有简便、灵活、迅速、可靠等特点，在同一票据交换区域（同城）的各种款项结算均可使用支票。从 2007 年 6 月 25 日起，支票可以全国通用，在异地使用支票开立上限为 50 万元，同时在票面右下方必须记载 12 位银行机构代码。

2. 支票的类型

我国《票据法》按照支付票款的方式，将支票分为以下几类：

（1）现金支票

支票上印有“现金”字样的支票，只能用于支取现金。它可以由存款人签发给本单位提取现金，也可签发给其他单位或个人用来办理结算或委托银行代为支付现金给收款人。

（2）转账支票

支票上印有“转账”字样的支票，只能用于转账，不得用于提取现金。转账支票适用于存款人给同一城市范围内的收款单位划转款项。

（3）普通支票

支票上未印有“现金”或“转账”字样的支票，该支票可以用于支取现金，也可以用于转账。在普通支票左上角画两条平行线的为划线支票，该支票只能用于转账，不得支取现金。

支票一般采用单页两联式，包括支款联（正联）和存根联，如图 5—2、图 5—3 所示。

中国建设银行　支票	（粤）	$\frac{BC}{20}$ 12305678
出票日期（大写）　年　月　日 收款人：		付款行名称： 出票人账号：

本支票付款期限十天	人民币 （大写）	亿	千	百	十	万	千	百	十	元	角	分
	用途＿＿＿＿＿ 上列款项请从 我账户内支付 出票人签章	复核					记账					

图 5—2　支票支款联（正联）

中国建设银行支票存根（粤） $\frac{BC}{20}$ 12305678 附加信息＿＿＿＿＿ 出票日期：　年　月　日
收款人：
金　额：
用　途：
单位主管　　会计

图 5—3　支票存根联

知识链接

支票的基本当事人

支票的基本当事人包括出票人、付款人和收款人。

出票人：是可以使用支票存款账户的单位和个人。

付款人：出票人的开户银行。

收款人：票面上填明的收款人，也可以是支票经过背书转让的被背书人。

3. 支票的有关规定

（1）支票的使用范围

支票结算的应用范围比较广泛。按照规定，凡是在银行开立账户的企事业单位和机关、团体以及个人在同一城市或票据交换区域的各种款项结算均可使用支票。根据中国人民银行规定，收款人最快可在 2 ~ 3 小时之内收到款项，一般在银行受理支票之日起 3 个工作日内均可到账。

（2）支票的有效期

支票的提示付款期限为自出票日起 10 日。支票签发次日开始计算有效期，到期日遇节假日顺延；超过提示付款期限付款的，持票人开户行不予受理，付款人不予付款；付款人不予付款的，出票人仍对持票人承担票据责任。

（3）支票的填写规定

1）支票的书写。签发支票应当使用墨汁、碳素墨水或专用的支票打印机填写。填写内容要齐全、真实；字迹要清晰；数字的大小写金额要正确、一致，小写金额前加“¥”，限定最高限额；支票的填写内容不得有涂改，特别是大小写金额、收款人和出票时间，其他内容如有改动须由签发人加盖预留银行印鉴予以证明。

支票正联的出票日期应当使用中文大写填写。在填写月、日时，月份为“壹”“贰”和“壹拾”的，日为“壹”至“玖”以及“壹拾”“贰拾”“叁拾”的，应在其前加“零”；日为“拾壹”至“拾玖”的，应在其前加“壹”。例如：2 月 9 日，应写为“零贰月零玖日”；10 月 14 日，应写为“零壹拾月壹拾肆日”。

2）支票的印章加盖。支票一般由出纳人员填写，由会计机构负责人审核并加盖预留银行印鉴。现金支票需要在正反两面同时加盖企业财务专用章和企业法人章，而转账支票只需在支票正面加盖企业财务专用章和企业法人章即可。盖章时要注意：印章一定要清晰，不能有缺角、毛边等情况；盖章时印章不要晃动，用力按下后垂直抬起；盖好后不要立即碰触盖章处。

（4）支票领购的规定

在开户银行领购支票，必须填写支票领购单（见图 5—4），写明购买的支票种类和张数，并在第二联加盖预留银行印鉴，银行一般会从其存款中扣除相应的支票工本费和手续费。如存款账户进行账户合并或注销时，应将剩余的空白支票全部交回银行注销。

支票领购单

年　　月　　日

<table>
<tr><td rowspan="5">当用完此簿需再领购支票时，请填写右列的“支票领购单”并盖预留银行印鉴，送至本行办理，领取新支票簿。</td><td>户名</td><td colspan="2"></td><td>账号</td><td></td></tr>
<tr><td>领购数量</td><td></td><td>起讫号码</td><td colspan="2">自　　号至　　号</td></tr>
<tr><td>领用单位签章</td><td colspan="2"></td><td>领购单位经办员姓名</td><td></td></tr>
<tr><td colspan="3" rowspan="2">领用单位签章（预留银行印鉴）</td><td>身份证号码</td><td></td></tr>
<tr><td colspan="2">以下银行填写
经发　　验印</td></tr>
</table>

图 5—4　支票领购单

（5）支票支取的规定（见表 5—1）

表 5—1　支票支取的规定

类型	项目	说　明
签发支票	签发现金支票提取现金	● 按要求填写现金支票 ● 在支票正联背面填写相关内容并盖章 ● 留下存根作为企业记账的依据 ● 将支票正联送交开户银行，并交验相关证件，银行审核无误后，提取现金 ● 若现金支票持票人为个人的，提取现金时，还应交验本人身份证明，并在背面注明证件名称、号码及发证机关
	签发转账支票支付款项	（1）付款企业签发转账支票并代收款人办理进账 ● 按要求填写支票，加盖企业预留银行印鉴 ● 填写一式三联进账单，到开户银行办理转账，根据银行盖章后退回的进账单第三联及支票存根，作为记账依据 ● 一式三联进账单各联次的用途如下：第一联，回单联，银行审核支票无误后，盖章退给出票人；第二联，贷方凭证，付款银行留用；第三联，收账通知，由银行转给收款人 （2）签发支票交由收款人办理进账 ● 按要求填写支票后，留下支票存根，作为记账的依据 ● 将支票正联交给收款人
	签发普通支票支付款项	● 按要求填写支票 ● 若限定只能用于转账，不能用于支取现金，则应在支票正联左上角画两条平行线

续表

类型	项目	说　明
收到支票	审核支票	● 支票收款人或被背书人是否确为本收款人 ● 支票签发人及其开户银行的属地是否在本结算区 ● 支票签发日期是否在付款期内 ● 支票大小写金额是否相符 ● 支票是否有更改痕迹 ● 签发人盖章是否齐全
	直接向付款人提示付款	● 填制一式两联进账单 ● 在支票背面加盖收款人预留银行印鉴 ● 将进账单连同支票一并送交本单位开户银行，经银行审查无误后，在进账单回单上加盖银行印章，退回第一联“收款通知”，作为收款人入账的凭据，第二联和支票银行留存，作为划转款项和记账凭据

（6）支票背书的规定

支票的背书是指以转让支票权利为目的，或者以将支票权利授予他人行使为目的，在支票背面或者粘单上记载有关事项并签章的票据行为。

支票背书应遵循的规定见表 5—2。

表 5—2　　支票背书应遵循的规定

规定	具体内容
背书转让规范	● 支票背书转让的，由背书人在票据背面签章，并注明被背书人名称和背书日期 ● 背书人可以在支票上记载“委托收款”“质押”“不得转让”字样；记载了“不得转让”字样后的支票，被背书人不得将支票继续背书转让，否则原背书人对被背书人的后手不承担保证责任
背书转让应当连续	● 背书连续是指在支票转让中，转让支票的背书人与受让支票的被背书人在支票上的签章依次前后衔接 ● 背书不连续的支票，付款人可以拒绝付款
背书不得附有条件	背书附有条件的，所附条件不具有票据上的效力
部分背书无效	不得将支票金额部分转让或将支票转让给两人以上，否则，视为未背书或支票的转让无效
不得背书转让	支取现金的支票不得背书转让

（7）支票的挂失

已签发的支票因遗失、被盗、烧毁等原因而丧失的，失票人应立即到银行挂失止付；付款人在收到挂失止付通知前已经向持票人付款的，不再承担责任。《票据法》第 15 条第 3 款规定：“失票人应当在通知挂失止付后三日内，也可以在票据丧失后，依法向人民法院申请公示催告，或者向人民法院提起诉讼。”

（8）其他规定

1）禁止签发空头支票。空头支票是指支票金额超过存款人实有金额的支票。对签发空头支票或与其银行预留签章不符的支票，银行予以退票，并按票面金额处以 5% 但不低于 1,000 元的罚款；对屡教不改者，银行根据情节给予警告、通报批评，直至停止向收款人签发支票。

2）存款账户结清时，必须将全部剩余空白支票交回银行注销。

3）支票一律记名。

4. 支票的管理

支票是重要的支付结算方式，管理不当会给企业带来直接的经济损失。因此，企业应立足于本企业的性质和实际情况，建立合理的支票管理制度和内部控制制度，加强对支票的管理和控制。

（1）支票、预留银行印鉴和支票密码单由财务部门分派专人保管，以便分清责任。支票存根是企业重要的原始凭证，要同其他会计凭证一样妥善保管。

（2）支票应由财会人员或使用人员签发，不得将支票交收款人代为签发。

（3）空白支票要专人管理，严格控制携带空白支票外出采购的行为，及时登记空白支票签发登记簿。

（4）避免签发空头支票，财会人员应准确掌握和控制银行存款余额，及时正确记载账务，定期与银行对账单进行核对，发现问题及时解决。

二、支票结算的业务处理

1. 支票结算的业务流程

（1）贷记支票结算的业务流程

由出票人提示付款的支票称贷记支票。企业购买商品或接受劳务后，由购买单位签发支票并将本单位财务部门填制的一式三联进账单，委托其开户银行将款项支付给收款单位。银行接到支票和进账单后按规定进行审核，审核无误后退回进账单第一联（回单）给购买单位；办妥转账后，再进账单第三联（收账通知）交给收款单位。

贷记支票结算业务流程如图 5—5 所示。

图 5—5　贷记支票结算业务流程

注：①出票并提示支票付款；②交换进账单、清算资金；③收妥入账并通知收款人（持票人）。

（2）借记支票结算的业务流程

由收款人（持票人）提示付款的支票称借记支票，通常企业收受的支票都属于借记支票。企业销售货物或提供劳务后，购买单位签发支票给收款单位，由收款单位出纳填写一式三联的进账单（分别是回单联、贷方凭证和收账通知）并委托其开户银行收款。银行当即盖章后退回进账单第一联（回单）给收款单位；办妥转账后，再将进账单第三联（收账通知）退回收款单位。

借记支票结算业务流程如图 5—6 所示。

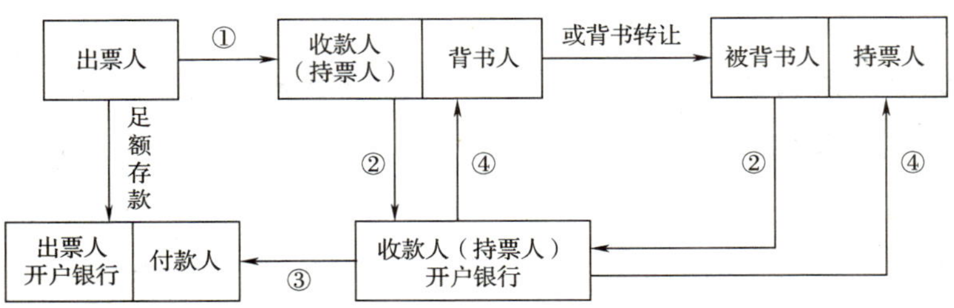

图 5—6　借记支票结算业务流程

注：①签发并交付支票（持票人背书转让）；②送交支票；③交换支票并清算资金；④收妥入账并通知收款人（持票人）。

2. 支票结算的账务处理

（1）支票签发的账务处理

企业出纳人员根据规定签发支票，印章管理人员加盖相应的银行印鉴。将加盖预留银行印鉴的支票正联交给收款单位，存根联撕下作为本企业编制记账凭证的依据。最后，出纳人员根据审核无误的记账凭证，登记银行存款日记账。

【业务 5—1】茂德汽车用品有限公司为增值税一般纳税人，20×× 年 3 月 7 日，开出转账支票一张用以归还前欠万隆有限公司货款 125,000 元。支票如图 5—7 所示，账务处理如下：

借：应付账款——万隆有限公司　　125,000

　　贷：银行存款　　125,000

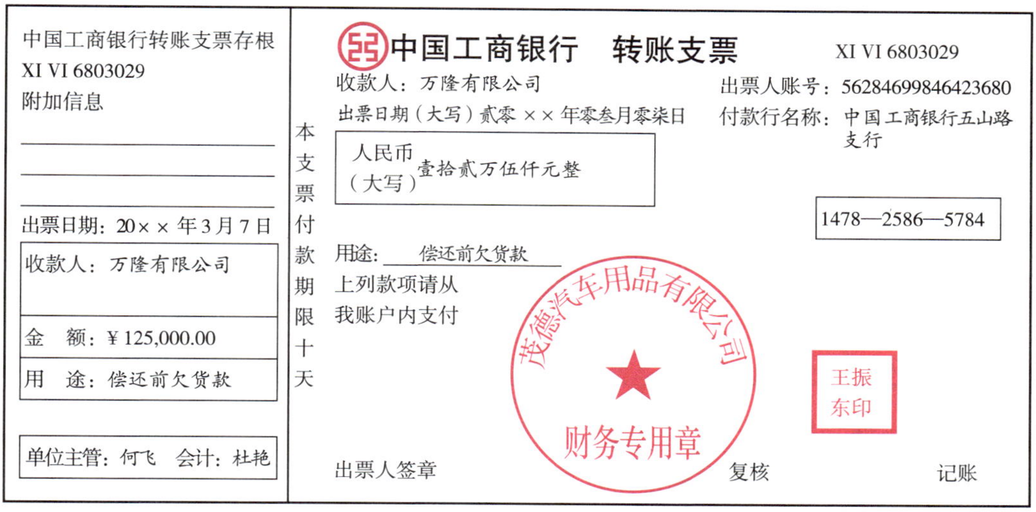
中国工商银行转账支票存根
XI VI 6803029
附加信息

出票日期：20×× 年 3 月 7 日
收款人：万隆有限公司
金 额：¥ 125,000.00
用 途：偿还前欠货款
单位主管：何飞 会计：杜艳

本支票付款期限十天

中国工商银行 转账支票 XI VI 6803029
收款人：万隆有限公司 出票人账号：56284699846423680
出票日期（大写）贰零××年零叁月零柒日 付款行名称：中国工商银行五山路支行
人民币（大写）壹拾贰万伍仟元整
1478—2586—5784
用途：偿还前欠货款
上列款项请从
我账户内支付
茂德汽车用品有限公司 财务专用章
王振东印
出票人签章 复核 记账

图 5—7 出纳人员签发转账支票

（2）支票收受的账务处理

1）借记支票收受的账务处理。收款单位对收到的转账支票进行审核。审核无误后，企业可以委托银行办理收款，也可以将收到的转账支票背书转让；委托银行办理收款的，需做委托收款背书，出纳需将银行进账单（回单）与支票正联一并交给开户银行委托办理收款。出纳或会计根据银行进账单（回单）和发票、单据等原始凭证编制收款凭证。也有的企业等退票时间 3 天后收到银行退回的进账单第三联（收账通知）再编制收款凭证。

接【业务 5—1】，委托收款背书如图 5—8 所示，银行进账单（回单）如图 5—9 所示。万隆有限公司账务处理如下：

借：银行存款 125,000

贷：应收账款——茂德汽车用品有限公司 125,000

附加信息：
被背书人 中国工商银行新市支行
万隆有限公司 财务专用章
委托收款
陈乔宇印
背书人签章
年 月 日
身份证件名称： 发证机关：
号码
（贴粘单处）

图 5—8 委托收款背书

中国工商银行进账单（回单） 1

20×× 年 3 月 7 日

出票人	全称	茂德汽车用品有限公司	收款人	全称	万隆有限公司
	账号	56284699846423680		账号	44237892685588936
	开户银行	中国工商银行五山路支行		开户银行	中国工商银行新市支行

金额	人民币（大写）壹拾贰万伍仟元整	亿	千	百	十	万	千	百	十	元	角	分
				¥	1	2	5	0	0	0	0	0

票据种类	转账支票	票据张数	1	中国工商银行广州市五山路支行 20××.03.07 票据受理专用章（收妥抵用） 开户银行盖章
票据号码	7603028			
复核：		记账：		

此联是收款人开户银行交持票人的回单

图 5—9 银行进账单（回单）

2）贷记支票收受的账务处理。贷记支票收受的业务，企业作为收款人实际上没有收到出票人签发的支票，收款单位要等签发人代为转账后，收到银行的进账单（收账通知）和相应的发票、单据等原始凭证再做相关的账务处理。

【业务 5—2】天华制衣有限公司为增值税一般纳税人，20×× 年 5 月 15 日与荣欣贸易有限公司签订购销合同。按照合同约定日期，荣欣贸易有限公司支付给天华制衣有限公司定金 50,000 元。银行进账单（收账通知）如图 5—10 所示，天华制衣有限公司账务处理如下：

借：银行存款　　50,000

　贷：预收账款——荣欣贸易有限公司　　50,000

中国建设银行进账单（收账通知） 1

20×× 年 5 月 15 日

出票人	全称	荣欣贸易有限公司	收款人	全称	天华制衣有限公司
	账号	1569325833		账号	6654872188
	开户银行	中国建设银行东风东路支行		开户银行	中国建设银行天河北支行

金额	人民币（大写）伍万元整	千	百	十	万	千	百	十	元	角	分
				¥	5	0	0	0	0	0	0

票据种类	支票	票据张数	1	中国建设银行股份有限公司 天河北支行 20××.05.15 办讫章（2） 开户银行盖章
票据号码	48349252			
复核：		记账：		

此联是开户银行交给持（出）票人的回单

图 5—10 银行进账单（收账通知）

第三节 银行汇票业务

一、银行汇票的管理规定

1. 银行汇票的概念

银行汇票是指由出票银行签发的，由其在见票时按照实际结算金额无条件支付确定的金额给收款人或持票人的票据。银行汇票具有适用范围广、使用灵活、票随人走、信用度高等特点，适用于异地结算。银行汇票可以用于转账，填明“现金”字样的银行汇票也可以用于支取现金。

2. 银行汇票的有关规定

（1）银行汇票的申请

1）企业申请使用银行汇票，申请单位只能向由中国人民银行和商业银行参加“全国联行往来”的银行机构申请办理。

2）申请人应填写银行汇票申请书（见图 5—11）。申请人或收款人为单位的，不得在银行汇票申请书上填明“现金”字样。

中国工商银行汇票申请书（存根） 1

申请日期　　年　月　日　　　　第　号

<table>
<tr><td>申请人</td><td></td><td>收款人</td><td colspan="10"></td></tr>
<tr><td>账号或住址</td><td></td><td>账号或住址</td><td colspan="10"></td></tr>
<tr><td>用　途</td><td></td><td>代理付款行</td><td colspan="10"></td></tr>
<tr><td colspan="3" rowspan="2">汇票金额（大写）</td><td>千</td><td>百</td><td>十</td><td>万</td><td>千</td><td>百</td><td>十</td><td>元</td><td>角</td><td>分</td></tr>
<tr><td></td><td></td><td></td><td></td><td></td><td></td><td></td><td></td><td></td><td></td></tr>
<tr><td colspan="3">申请人签章</td><td colspan="10">科　目________
对方科目________</td></tr>
</table>

图 5—11　银行汇票申请书

（2）银行汇票的使用范围

银行汇票适用于异地单位、个体工商户和个人之间需要支付的各种款项。凡在银行开立账户的单位、个体工商户和未在银行开立账户的个人，都可以向银行申请办理银行汇票，且可以受理银行汇票。

（3）银行汇票的有效期

1）银行汇票的提示付款期限为自出票之日起 1 个月。

2）持票人超过提示付款期限提示付款的，兑付银行不予受理。

（4）银行汇票的背书

1）提示付款背书。持票人向银行提示付款时，应在汇票背面“持票人向银行提示付款签章”处加盖预留银行印鉴，并将银行汇票、解讫通知、进账单送交开户银行办理转账。

2）转让背书。收款人可以将银行汇票背书转让给被背书人，背书转让以不超过票面金额的实际结算金额为准；未填写实际结算金额或实际结算金额超过出票金额的银行汇票不得背书转让；填明“现金”字样的银行汇票不得背书转让。

（5）银行汇票的挂失

1）填明“现金”字样和代理付款人的银行汇票丧失时，失票人可通知付款人或代理付款人挂失止付。

2）失票人可以凭人民法院出具的其享有票据权利的证明，向出票银行请求付款或退款。

（6）银行汇票一律记名

所谓记名是指在汇票中指定某一特定人为收款人，其他任何人都无权领款；但是指定收款人以背书方式将领款权转让给其指定的收款人，则其指定的收款人有领款权。

3. 银行汇票的管理

（1）企业对银行汇票和预留银行印鉴，应分别设专人保管。

（2）应建立健全汇票的使用、报账制度，加强对汇票的台账登记管理；分管会计应不定期进行账票的核对工作，保证账票相符。

（3）汇票遗失应立即办理挂失止付，建立企业、银行和收款单位协同防范管理办法。

二、银行汇票结算的业务处理

1. 银行汇票结算的业务流程

银行汇票结算的业务流程如图 5—12 所示。

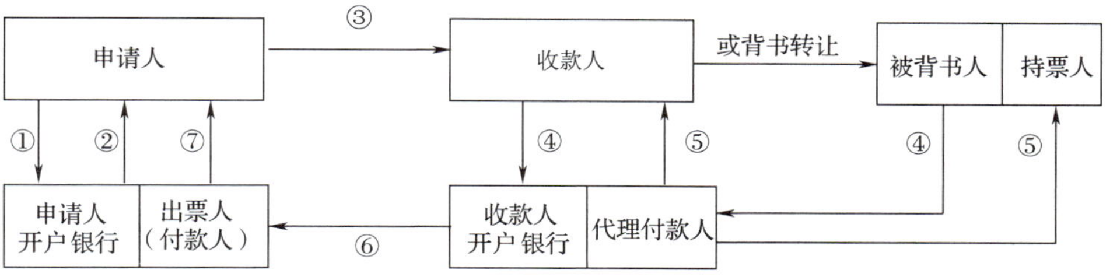

图 5—12　银行汇票结算的业务流程

注：①申请签发汇票；②出票；③持往异地结算；④提示票据；⑤代理付款入账；⑥银行之间清算资金；⑦退回多余款项。

注意事项如下：

● 付款人（申请人）持汇票办理结算时，必须同时将第二联银行汇票和第三联解讫通知交给供应单位（收款人），否则无效。

● 银行汇票出票金额与实际结算金额可以不一致，但实际结算金额不能大于出票金额。实际结算金额低于出票金额时，其多余金额银行将自动转回申请人账户，并将第四联多余款的收账通知送交申请企业。

● 未在银行开立账户的收款人，持银行汇票向银行支取款项时，必须交验本人身份证或足以证实收款人身份的其他证明，并在银行汇票背面签字或盖章，注明证件名称、号码及发证机关后，方可办理支取手续。

2. 银行汇票结算的账务处理

（1）付款业务的账务处理

由付款单位出纳申请签发银行汇票并支付手续费，银行审核签发后将银行汇票第二联、第三联解讫通知、银行汇票申请书存根及手续费支付单交回企业。

付款单位根据银行汇票申请书存根、手续费支付单等原始凭证编制记账凭证，出纳根据审核无误的记账凭证登记银行存款日记账和其他货币资金明细账。

【业务 5—3】20×× 年 7 月 24 日，广州市兴发有限公司根据以往业务结算需要，从银行申请签发 90,000 元的银行汇票一张，支付手续费 50 元。20×× 年 8 月 1 日，从佳乐美有限公司采购 B 商品一批，价税合计金额 81,200 元。8 月 3 日，收到银行退回的银行汇票（多余款收账通知）。银行汇票申请书（存根）如

图 5—13 所示、手续费支付单如图 5—14 所示、银行汇票第四联（多余款收账通知）如图 5—15 所示，账务处理如下：

7 月 24 日签发银行汇票并支付手续费时：

借：其他货币资金——银行汇票存款	90,000	
财务费用——手续费	50	
贷：银行存款		90,050

8 月 1 日采购商品时：

借：库存商品——B 商品	70,000	
应交税费——应交增值税（进项税额）	11,200	
贷：其他货币资金——银行汇票存款		81,200

8 月 3 日，收到银行退回的银行汇票（多余款收账通知）时：

借：银行存款	8,800	
贷：其他货币资金——银行汇票存款		8,800

申请日期　　20×× 年 7 月 24 日　　第 0350 号

申请人	广州市兴发有限公司	收款人	佳乐美有限公司
账号或住所	0254612352	账号或住所	6223662855
用　途	购货	代理付款行	中国工商银行广州东江支行
汇票金额	人民币（大写）玖万元整		千 百 十 万 千 百 十 元 角 分：¥ 9 0 0 0 0 0 0
上列款项从我账户内支付（广州市兴发有限公司 财务专用章）（王涛） 申请人盖章　复核　记账			

此联申请人留存

图 5—13　银行汇票申请书（存根）

收费项目			金额
名称	数量	种类	
银行汇票	1	手续费	¥ 50.00
人民币（大写）伍拾元整		小写：¥ 50.00	
付款单位（签章）		收款行（盖章）（中国建设银行股份有限公司 广州白云花支行 20××.07.24 办讫章 (3)）	

图 5—14　手续费支付单

付款期限 壹个月

中国建设银行

银行汇票（多余款收账通知） 4

汇票号码 第 号

出票日期（大写） 贰零××年零捌月零叁日

代理付款行：中国建设银行广州兰花支行 行号：723625

收款人：佳乐美有限公司 账号：6223662855

出票金额 人民币（大写） 玖万元整

实际结算金额 人民币（大写） 捌万壹仟贰佰元整	亿	千	百	十	万	千	百	十	元	角	分
				¥	8	1	2	0	0	0	0

申请人：广州市兴发有限公司 账号：0254612352

出票行：中国建设银行广州市兰花支行 行号：253562

备注：

出票行签章

中国建设银行股份有限公司 广州市兰花支行 20××.08.03 办讫章 （4）

密押：

多余金额										左列退回多余金额已收入你账户内
千	百	十	万	千	百	十	元	角	分	
			¥	8	8	0	0	0	0	

20××年8月3日

图 5—15 银行汇票第四联（多余款收款通知）

（2）收款业务的账务处理

收款单位出纳审核收到的银行汇票，审核无误后，出纳将实际结算金额和多余金额准确无误地填写到银行汇票第二联和第三联（解讫通知）的金额栏内，并在第二联背面加盖预留银行印鉴。收款单位可根据银行进账单（回单）编制记账凭证，并据此登记银行存款日记账。

【业务 5—4】20××年9月20日，广州市兴发有限公司销售给天业有限公司商品一批，收到对方的银行汇票一张，金额为81,200元。广州市兴发有限公司开出增值税专用发票价款70,000元，增值税税额11,200元。增值税专用发票如图5—16所示，银行汇票第二联如图5—17所示，第二联背面如图5—18所示，银行进账单（回单）如图5—19所示。收款单位账务处理如下：

借：银行存款　　81,200

　　贷：主营业务收入——A 商品　　70,000

　　　　应交税费——应交增值税（销项税额）　　11,200

4401872360 **广东增值税专用发票** No 9454954

此联不作报销、扣税凭证使用　开票日期：20××年9月20日

购货单位	名称：天业有限公司 纳税人识别号：912440209047890356 地址、电话：天津市卫星路172号266×××× 开户银行及账号：中国工商银行天津分行02141285			密码区	（略）		
货物及应税劳务名称	规格型号	单位	数量	单价	金额	税率	税额
A商品		千克	350	200.00	70,000.00	16%	11,200.00
合计					¥70,000.00		¥11,200.00
价税合计（大写）	⊗捌万壹仟贰佰元整				（小写）¥81,200.00		
销售单位	名称：广州市兴发有限公司 纳税人识别号：914440104356789090 地址、电话：广州市天河北路138号8755×××× 开户银行及账号：中国建设银行广州市兰花支行0254612352			备注			

收款人：　复核：　开票人：张敏　销货单位（盖章）：

第一联 记账联 销货方记账凭证

图5—16　增值税专用发票

付款期限 壹个月

中国工商银行

银行汇票　2　天津　No 023856

出票日期（大写）贰零××年零玖月贰拾日

代理付款行：中国工商银行天津分行　行号：2264100045412

收款人：广州市兴发有限公司　账号：0254612352

出票金额　人民币（大写）捌万壹仟贰佰元整

实际结算金额	人民币（大写）捌万壹仟贰佰元整	亿	千	百	十	万	千	百	十	元	角	分
					¥	8	1	2	0	0	0	0

申请人：天业有限公司　账号：02141285

出票行：中国工商银行天津分行

行号：253562

备注：购货款

凭票付款

密押：

多余金额									
千	百	十	万	千	百	十	元	角	分

科目（借）________

对方科目（贷）________

兑付日期　年　月　日

复核　记账

此联代理付款行付款后做联行往账借方凭证附件

图5—17　银行汇票第二联

被背书人	被背书人
被背书人签章 广州市兴发有限公司 财务专用章 王涛 年　月　日	被背书人签章 年　月　日
持票人向银行 提示付款签章：	身份证件名称：　　　　发证机关： 号码

图 5—18　银行汇票第二联背面

中国建设银行进账单（回单）1

20×× 年 9 月 20 日

出票人	全称	天业有限公司	收款人	全称	广州市兴发有限公司
	账号	02141285		账号	0254612352
	开户银行	中国工商银行天津分行		开户银行	中国建设银行广州市兰花支行

金额	人民币（大写）捌万壹仟贰佰元整	千	百	十	万	千	百	十	元	角	分
				¥	8	1	2	0	0	0	0

票据种类	银行汇票	票据张数	1
票据号码	023856		
复核：　　　记账：		中国建设银行股份有限公司 广州市兰花支行 20××.09.20 票据受理专用章 收妥抵用 开户银行签章	

此联是开户银行交给持（出）票人的回单

图 5—19　银行进账单（回单）

知识链接

银行汇票审核的主要内容

- 收款人是否为本单位。
- 银行汇票必须记载事项是否齐全。
- 银行汇票是否在提示付款期内。
- 背书是否连续。
- 第二联和第三联记载内容是否相符。

第四节　银行本票业务

一、银行本票的管理规定

1. 银行本票的概念

银行本票是由银行签发的，承诺自己在见票时无条件支付确定的金额给收款人或持票人的票据。银行本票具有使用方便、灵活，信誉高、支付能力强等特点，适用于同一票据交换区域内的商品交易和劳务供应等需要支付的各种款项。银行本票可以用于转账，填明“现金”字样的银行本票也可以用于支取现金。

2. 银行本票的有关规定

（1）银行本票的申请

1）企业申请使用银行本票时，应向银行填写“银行本票申请书”。

2）申请人或收款人为单位的，不得申请签发带有“现金”字样的银行本票。

（2）银行本票的有效期

银行本票的提示付款期自出票之日起 2 个月。持票人超过提示付款期限提示付款的，代理付款行不予受理。

（3）银行本票的背书

1）提示付款背书。持票人向银行提示付款时，应在银行本票背面“持票人向银行提示付款签章”处加盖预留银行印鉴，并将银行本票、进账单送交开户银行办理转账。

2）转让背书。收款人可以将银行本票背书转让，但填明“现金”字样的银行本票不得背书转让。

（4）银行本票的退款

申请人因银行本票超过付款期或其他原因未使用要求退款时，应出具该单位的相关证明，经银行审核无误后可将款项转入原申请账户。

（5）银行本票的挂失

1）填明“现金”字样的银行本票丧失时，失票人可通知付款人或代理付款人挂失止付。

2）失票人可凭人民法院出具的其享有票据权利的证明，向出票银行请求付款或退款。

（6）银行本票一律记名

该项规定与银行汇票相同。

二、银行本票结算的业务处理

1. 银行本票结算的业务流程

银行本票结算业务流程如图 5—20 所示。

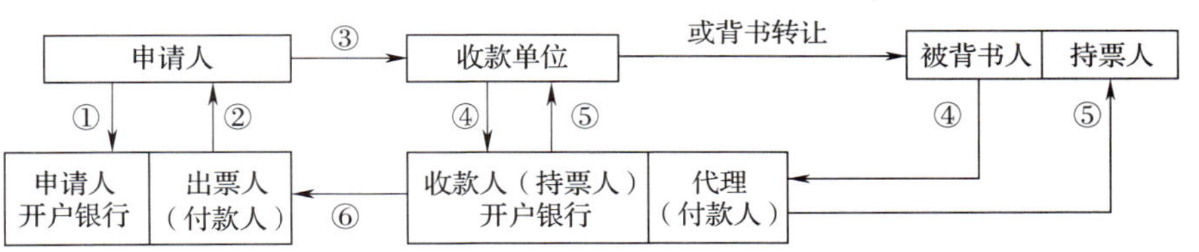

图 5—20　银行本票结算的业务流程

注：①申请签发银行本票；②银行签发银行本票（出票）；③使用银行本票办理结算；④提示出票；⑤代理付款入账；⑥银行之间清算资金。

2. 银行本票结算的账务处理

银行本票结算应设置“其他货币资金——银行本票存款”账户，该账户属于资产类账户。目前，极少企业采用银行本票进行结算，故关于银行本票的账务处理只做简单介绍。企业财务部门通常根据银行退回的银行本票申请书存根联编制银行存款付款凭证，其会计分录为：

借：其他货币资金——银行本票存款

　　贷：银行存款

同时，应根据办理银行本票手续费的相应收费单据，编制银行存款或现金付款凭证，其会计分录为：

借：财务费用——手续费

　　贷：银行存款或库存现金

第五节　商业汇票业务

一、商业汇票的管理规定

1. 商业汇票的概念

商业汇票是指出票人签发的，委托付款人在指定日期无条件支付确定的金额给收款人或持票人的票据。按承兑人不同，商业汇票分为商业承兑汇票和银行承兑汇票。商业承兑汇票由银行以外的付款人承兑，银行承兑汇票由银行承兑。

2. 商业汇票的有关规定

（1）商业汇票的申请

企业领购商业汇票，应向银行填写“票据和结算凭证领用单”并签章。

（2）商业汇票的使用范围

1）在银行开立存款账户的法人及其他组织之间，具有合法、真实的交易关系或债权债务关系的，均可使用商业汇票。

2）商业汇票结算方式既可用于同城结算也可用于异地结算。

（3）商业汇票的有效期

1）商业汇票的付款期限最长不得超过 6 个月，应在汇票到期日起 10 日内提示付款。

2）持票人超过提示付款期提示付款的，持票人开户行不予受理。

（4）商业汇票的背书

1）委托收款背书。收款人或持票人委托开户银行收款的，应做委托收款背书。

2）转让背书。转让背书是收款人或持票人将商业汇票权利转让给他人的一种票据行为。

（5）商业汇票的贴现

商业汇票的贴现是指商业汇票的持票人，将未到期的商业汇票转让给银行或非银行金融机构，银行或非银行金融机构按票面金额扣除贴现利息后，将余额付给持票人的票据融资行为。贴现的期限从贴现之日起至汇票到期日止。

（6）商业汇票的挂失

1）已承兑的商业汇票丧失，失票人可通知付款人或代理付款人挂失止付。在挂失止付后3日，也可以在票据丧失后，向人民法院申请公示催告或提起诉讼。

2）付款人在收到挂失止付通知之前已经向持票人付款的，不再承担责任；付款人或代理付款人自收到挂失止付通知书之日起12日内没有收到人民法院止付通知书的，自第13日起挂失止付通知书失效。

（7）商业汇票一律记名

该项规定与银行汇票相同。

3. 商业汇票结算方式的账户设置

为了核算企业商业汇票的增减变动及结余情况，企业应设置“应收票据”和“应付票据”账户进行核算。

（1）“应收票据”账户

“应收票据”账户属于资产类账户，该账户借方登记取得应收票据的面值和计提票据的利息；贷方登记到期收回、背书转让票款、向银行贴现的应收票据的票面金额或因承兑人到期无力支付而转出的面值及利息；期末余额在借方，反映企业尚未到期收回且未申请贴现的应收票据面值和应计利息。

（2）“应付票据”账户

“应付票据”账户属于负债类账户，该账户贷方登记开出、承兑商业汇票的面值及带息票据的计提利息；借方登记到期支付票据的金额和转出无力支付票据的金额；期末余额在贷方，反映尚未到期支付票据的面值和利息。

二、商业承兑汇票结算的业务处理

1. 商业承兑汇票结算业务处理有关规定

（1）商业承兑汇票的签发及承兑

商业承兑汇票由银行以外的付款人签发并承兑，也可以由收款人签发交由银行以外的付款人承兑。

（2）商业承兑汇票付款人无款支付的规定

银行在办理划款时，付款人存款账户不足支付票款的，开户银行不承担付款责任；付款人应填制未付款通知书，连同商业承兑汇票邮寄给持票人开户银行转交持票人。

2. 商业承兑汇票结算的业务流程

商业承兑汇票结算的业务流程如图 5—21 所示。

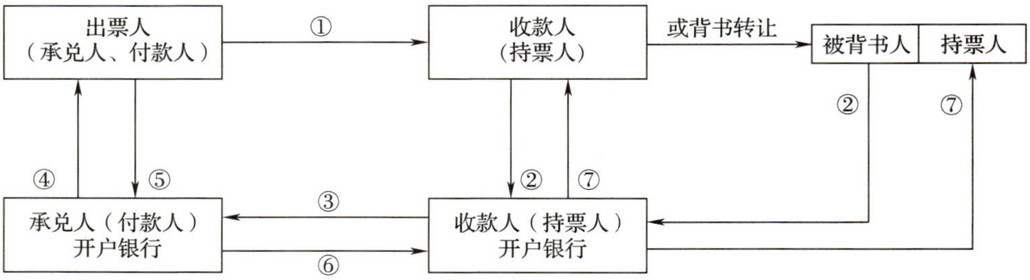

图 5—21 商业承兑汇票结算的业务流程

注：①交付已承兑的汇票；②汇票到期委托收款；③发出委托收款；④发出付款通知；⑤通知付款；⑥划回票款；⑦收妥入账。

注意事项如下：

● 商业承兑汇票由收款人签发时，收款人填写相关内容，并在出票人签章处加盖收款人的预留银行印鉴，再交由付款人承兑，即在承兑人签章处签章。

● 商业承兑汇票由付款人签发时，付款人应分别在出票人签章处和承兑人签章处加盖预留银行印鉴。

● 收款单位委托银行收款时，如果属于电报划回的，收款单位须在商业承兑汇票第二联背书并加盖预留银行印鉴交开户银行，开户银行填制一式四联电子汇划收款补充报单，收妥款项后再退回委托收款凭证（收账通知）。

3. 商业承兑汇票结算的账务处理

（1）付款单位的账务处理

付款单位签发商业承兑汇票购买货物，需将第三联（存根联）留企业存查。并根据购货发票、商业承兑汇票存根联编制记账凭证，出纳据此登记银行存款日记账。商业承兑汇票到期，出纳应审核开户银行转来的收款人委托收款凭证第五联（付款通知）。如无款支付或拒绝付款，应在接到通知次日起 3 日内到开户行填写拒付理由书。

【业务 5—5】欣欣有限责任公司于 20×× 年 5 月 12 日销售给长乐有限责任公司甲材料一批，开出的增值税专用发票上注明的材料价款为 40,000 元，增值税税额为 6,400 元，长乐有限责任公司当日签发商业承兑汇票一张，期限为 3 个月。20×× 年

8 月 12 日，商业承兑汇票到期，长乐有限责任公司支付票款。增值税专用发票如图 5—22 所示，材料出库单如图 5—23 所示，商业承兑汇票第三联如图 5—24 所示，托收凭证（付款通知）如图 5—25 所示。付款单位账务处理如下：

20×× 年 5 月 12 日购买材料时：

借：原材料——甲材料　　40,000

　　应交税费——应交增值税（进项税额）　　6,400

　　贷：应付票据——欣欣有限责任公司　　46,400

商业承兑汇票到期付款时：

借：应付票据——欣欣有限责任公司　　46,400

　　贷：银行存款　　46,400

35582156744　　**广东增值税专用发票**　　№ 56484654

发票联　　开票日期：20×× 年 5 月 12 日

购货单位	名　称：长乐有限责任公司 纳税人识别号：91235203000048822 地 址、电 话：广州市朱景路 5 号 020—3433478 开户银行及账号：中国工商银行广州市朱景支行 556596598				密码区	（略）	
货物及应税劳务名称	规格型号	单位	数量	单价	金额	税率	税额
甲材料		千克	500	80.00	40,000.00	16%	6,400.00
合　计					¥40,000.00		¥6,400.00
价税合计（大写）	⊗ 肆万陆仟肆佰元整				（小写）¥46,400.00		
销货单位	名　称：欣欣有限责任公司 纳税人识别号：9144078446446484 地 址、电 话：广州市城北路 138 号 020—5565112 开户银行及账号：中国建设银行广州市城北支行 78792312002			备注	欣欣有限责任公司 9144078446446484 发票专用章		

第三联 发票联 购货方记账凭证

收款人：　　复核：李敏　　开票人：张建伟　　销货单位：（盖章）

图 5—22　增值税专用发票

材料出库单

20×× 年 5 月 12 日　　第 58 号

购货单位：长乐有限责任公司												发票号：56484654			
编号	材料名称	规格	出库数量	单位	单价	金额									
						千	百	十	万	千	百	十	元	角	分
	甲材料		500	千克	80.00			¥	4	0	0	0	0	0	0
备注				库管员盖章	何兴	合计：¥40,000.00									

会计　　出纳　　复核　　记账　　制单：何兴

图 5—23　材料出库单

商业承兑汇票（存根）3

出票日期（大写）贰零××年零伍月壹拾贰日　　GZ400025501

付款人	全称	长乐有限责任公司	收款人	全称	欣欣有限责任公司
	账号	556596598		账号	78792312002
	开户银行	中国工商银行广州市朱景支行		开户银行	中国建设银行广州市城北支行

出票金额	人民币（大写）肆万陆仟肆佰元整	亿	千	百	十	万	千	百	十	元	角	分
					¥	4	6	4	0	0	0	0

汇票到期日（大写）	贰零××年零捌月壹拾贰日		5233098
备注：		交易合同号	中国工商银行广州市朱景支行 20××.05.12 票据受理专用章（收妥抵用）

此联由出票人存查

图 5—24　商业承兑汇票第三联

托收凭证（付款通知）5

付款期限 20××年 8 月 12 日

委托日期 20××年 5 月 12 日

业务类型	委托收款（☑邮划，□电划）托收承付（□邮划，□电划）						
付款人	全称	长乐有限责任公司		收款人	全称	欣欣有限责任公司	
	账号	556596598			账号	78792312002	
	地址	广东省广州市/县	开户行：中国工商银行朱景支行		地址	广东省广州市/县	开户行：中国建设银行城北支行

金额	人民币（大写）肆万陆仟肆佰元整	亿	千	百	十	万	千	百	十	元	角	分
					¥	4	6	4	0	0	0	0

款项内容	购买原材料	托收凭证名称	商业承兑汇票	附寄单据张数	1
商品发运情况	已发运	合同名称号码			
备注： 复核　　记账		付款人开户银行签章 中国工商银行股份有限公司 广州市朱景支行 20××.05.12 结算专用章 年　月　日		付款人注意： 1. 根据支付结算办法，上列委托收款（委托承付）款项在付款期限内未提出拒付，即视为同意付款，以此代付款通知。 2. 如需提出全部或部分拒付，应在规定期限内，将拒付理由书并附债务证明退交开户银行。 年　月　日	

此联付款人开户银行给付款人按期付款通知

图 5—25　托收凭证（付款通知　）

（2）收款单位的账务处理

收款单位出纳审核收到的商业承兑汇票，审核无误后，会计人员根据材料出库单、销售发票、收到的商业承兑汇票第二联编制记账凭证，同时出纳登记票据备查簿。出纳应在提示付款期内委托开户银行收款并入账。

接【业务 5—5】，托收凭证（收款通知）如图 5—26 所示，收款单位欣欣有限责任公司账务处理如下：

20×× 年 5 月 12 日销售材料时：

借：应收票据——长乐有限责任公司　46,400

　贷：其他业务收入——甲材料　40,000

　　应交税费——应交增值税（销项税额）　6,400

20×× 年 8 月 12 日收到款项时：

借：银行存款　46,400

　贷：应收票据——长乐有限责任公司　46,400

托收凭证（收款通知） 4　付款期限 20×× 年 5 月 23 日

委托日期 20×× 年 5 月 12 日

<table>
<tr><td colspan="2">业务类型</td><td colspan="8">委托收款（☑邮划，☐电划）托收承付（☐邮划，☐电划）</td></tr>
<tr><td rowspan="3">付款人</td><td>全称</td><td colspan="3">长乐有限责任公司</td><td rowspan="3">收款人</td><td>全称</td><td colspan="3">欣欣有限责任公司</td></tr>
<tr><td>账号</td><td colspan="3">556596598</td><td>账号</td><td colspan="3">78792312002</td></tr>
<tr><td>地址</td><td>广东省广州 市/县</td><td>开户行</td><td>中国工商银行朱景支行</td><td>地址</td><td>广东省广州 市/县</td><td>开户行</td><td>中国建设银行城北支行</td></tr>
<tr><td>金额</td><td colspan="4">人民币（大写）肆万陆仟肆佰元整</td><td colspan="5">亿 千 百 十 万 千 百 十 元 角 分
¥ 4 6 4 0 0 0 0</td></tr>
<tr><td colspan="2">款项内容</td><td>购买原材料</td><td>托收凭证名称</td><td colspan="2">商业承兑汇票</td><td colspan="2">附寄单据张数</td><td colspan="2">1</td></tr>
<tr><td colspan="2">商品发运情况</td><td colspan="2">已发运</td><td colspan="6">合同名称号码</td></tr>
<tr><td colspan="4">备注：
复核　　记账</td><td colspan="2">上列款项已划回收入你方账户内。
收款人开户银行签章
年　月　日</td><td colspan="4"></td></tr>
</table>

中国建设银行股份有限公司 广州市城北支行 20××.05.12 办讫章 (3)

此联付款人开户银行凭以汇款或收款人开户银行做收账通知

图 5—26　托收凭证（收款通知）

三、银行承兑汇票结算的业务处理

1. 银行承兑汇票结算的有关规定

（1）银行承兑汇票由在承兑银行开立存款账户的存款人签发，并由银行承兑。承兑手续费按票面金额万分之五计算，在银行承兑时一次付清。

（2）出票人应将承兑款项无条件支付给持票人，汇票到期未能足额交存票款的，承兑银行除向持票人无条件付款外，对出票人尚未支付的汇票金额按照每天万分之五计收罚息。

2. 银行承兑汇票结算的业务流程

银行承兑汇票结算业务流程如图 5—27 所示。

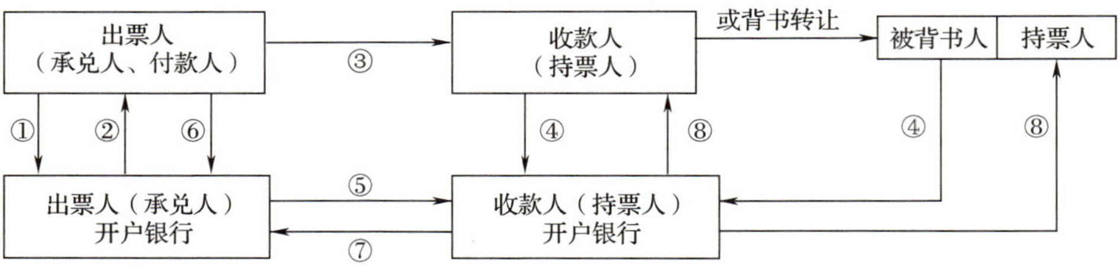

图 5—27 银行承兑汇票结算业务流程

注：①出票并申请承兑；②承兑；③交付已承兑的汇票；④汇票到期委托收款；⑤发出委托收款；⑥交存票款；⑦划回票款；⑧收妥入账。

注意事项如下：

收款单位委托银行收款时，如果是属于电报划回的，开户行填制一式四联电子汇划贷方补充报单，收妥款项后退回第三联做收账通知。

3. 银行承兑汇票结算的账务处理

（1）付款单位的账务处理

付款方将签发的银行承兑汇票交开户行，并将第三联存留企业备查。同时，根据购货发票、银行承兑汇票存根联编制记账凭证。银行承兑汇票到期，出纳审核开户行转来的委托收款凭证第五联（付款通知）。审核无误后，应在当日通知银行付款。

【业务 5—6】20×× 年 6 月 9 日，康华有限责任公司向欣欣有限责任公司购买机器设备一台，设备总价款 90,000 元，增值税专用发票上注明的税额为 14,400 元，支付手续费 52.2 元。双方购销合同约定使用银行承兑汇票结算设备款，期限为 1 个月。20×× 年 7 月 9 日银行承兑汇票到期，出纳当日通知银行付款。银行承兑汇票（存根）如图 5—28 所示，增值税专用发票如图 5—29 所示，手续费收费单图 5—30 所示，委托收款凭证第五联（付款通知）如图 5—31 所示。付款单位账务处理如下：

20×× 年 6 月 9 日购买设备时：

借：固定资产——机器设备	90,000	
应交税费——应交增值税（进项税额）	14,400	
贷：应付票据——欣欣有限责任公司		104,400

支付手续费时：

借：财务费用——手续费　　52.2

　　贷：银行存款　　52.2

20×× 年 7 月 9 日付款时：

借：应付票据——欣欣有限责任公司　　104,400

　　贷：银行存款　　104,400

银行承兑汇票（存根）3

出票日期（大写）贰零 ×× 年零陆月零玖日　　GZ400025501

<table>
<tr><td rowspan="3">付款人</td><td>全称</td><td>康华有限责任公司</td><td rowspan="3">收款人</td><td>全称</td><td colspan="11">欣欣有限责任公司</td></tr>
<tr><td>账号</td><td>332654712</td><td>账号</td><td colspan="11">78792312002</td></tr>
<tr><td>开户银行</td><td>中国工商银行广州市永丰支行</td><td>开户银行</td><td colspan="11">中国建设银行广州市城北支行</td></tr>
<tr><td colspan="2" rowspan="2">出票金额</td><td colspan="3" rowspan="2">人民币（大写）壹拾万肆仟肆佰元整</td><td>亿</td><td>千</td><td>百</td><td>十</td><td>万</td><td>千</td><td>百</td><td>十</td><td>元</td><td>角</td><td>分</td></tr>
<tr><td></td><td></td><td>¥</td><td>1</td><td>0</td><td>4</td><td>4</td><td>0</td><td>0</td><td>0</td><td>0</td></tr>
<tr><td colspan="2">汇票到期日（大写）</td><td colspan="3">贰零 ×× 年零柒月零玖日</td><td colspan="5">承兑协议编号</td><td colspan="6">5233098</td></tr>
<tr><td colspan="3"></td><td colspan="2">备注：</td><td colspan="11">中国工商银行股份有限公司
广州市永丰支行
20××.06.09
票据受理专用章
（收妥抵用）</td></tr>
</table>

此联由出票人存查

图 5—28　银行承兑汇票（存根）

34465234744　　**广东增值税专用发票**　　№ 323546885

发票联

开票日期：20×× 年 6 月 9 日

<table>
<tr><td>购货单位</td><td colspan="5">名　　称：康华有限责任公司
纳税人识别号：9122564235568874
地 址、电 话：广州市永丰路 2 号 020—5562345
开户银行及账号：中国工商银行广州市永丰支行 332654712</td><td>密码区</td><td colspan="2">（略）</td></tr>
<tr><td colspan="2">货物及应税劳务名称</td><td>规格型号</td><td>单位</td><td>数量</td><td>单价</td><td>金额</td><td>税率</td><td>税额</td></tr>
<tr><td colspan="2">设备</td><td>XL</td><td>台</td><td>1</td><td>90,000.00</td><td>90,000.00</td><td>16%</td><td>14,400.00</td></tr>
<tr><td colspan="2">合　计</td><td></td><td></td><td></td><td></td><td>¥ 90,000.00</td><td></td><td>¥ 14,400.00</td></tr>
<tr><td colspan="2">价税合计（大写）</td><td colspan="7">⊗ 壹拾万肆仟肆佰元整　　（小写）¥ 104,400.00</td></tr>
<tr><td>销货单位</td><td colspan="4">名　　称：欣欣有限责任公司
纳税人识别号：9144078446446484
地 址、电 话：广州市城北路 138 号 020—5565112
开户银行及账号：中国建设银行广州市城北支行 78792312002</td><td>备注</td><td colspan="3">欣欣有限责任公司
9144078446446484
发票专用章</td></tr>
</table>

收款人：　　复核：李敏　　开票人：张建伟　　销货单位：（盖章）

第三联 发票联 购货方记账凭证

图 5—29　增值税专用发票

中国工商银行
邮电费、手续费、空白凭证收费单

单位名称：康华有限责任公司　　账号：332654712　　20×× 年 6 月 9 日

收费项目			金额
名称	数量	种类	
银行承兑汇票	1	手续费	¥52.2
人民币（大写）伍拾贰元贰角整		小写：¥52.2	
付款单位（签章）		收款银行（盖章）	

中国建设银行股份有限公司
广州市城北支行
20××.06.09
办讫章
（3）

图 5—30　手续费收费单

托收凭证（付款通知）5　　付款期限 20×× 年 7 月 15 日

委托日期 20×× 年 6 月 9 日

业务类型	委托收款（☑邮划，□电划）托收承付（□邮划，□电划）					
付款人	全称	康华有限责任公司	收款人	全称	欣欣有限责任公司	
	账号	332654712		账号	78792312002	
	地址	广东省广州市/县；开户行：中国工商银行永丰支行		地址	广东省广州市/县；开户行：中国建设银行城北支行	
金额	人民币（大写）	壹拾万肆仟肆佰元整			亿 千 百 十 万 千 百 十 元 角 分	¥ 1 0 4 4 0 0 0 0
款项内容	购买设备款	托收凭证名称	银行承兑汇票	附寄单据张数	1	
商品发运情况	已发运	合同名称号码	350025			
备注： 复核 记账					付款人开户银行签章 20×× 年 7 月 15 日	

中国工商银行股份有限公司
广州市永丰支行
20××.07.15
票据受理专用章
（收妥抵用）

图 5—31　委托收款凭证第五联（付款通知）

如付款人账户存款不足支付，承兑银行应向持票人无条件支付款项。付款单位进行账务处理时，应将票据转为短期借款，借记“应付票据”，贷记“短期借款”。

（2）收款单位的账务处理

收款单位出纳审核收到的银行承兑汇票，审核无误后，会计人员根据销售发票、收到的银行承兑汇票编制记账凭证，同时出纳登记票据备查簿。出纳应在提示付款期内委托开户银行收款并入账。

接【业务 5—6】，委托收款凭证第四联（收账通知单）如图 5—32 所示，收款单位的账务处理如下：

20×× 年 6 月 9 日销售设备时：

借：应收票据——康华有限责任公司	104,400
贷：主营业务收入——机器设备	90,000
应交税费——应交增值税（销项税额）	14,400

20×× 年 7 月 9 日收款时：

借：银行存款	104,400
贷：应收票据——康华有限责任公司	104,400

托收凭证（付款通知） 4　付款期限 20×× 年 7 月 15 日

委托日期 20×× 年 6 月 9 日

<table>
<tr><td colspan="2">业务类型</td><td colspan="17">委托收款（☑邮划，□电划）托收承付（□邮划，□电划）</td></tr>
<tr><td rowspan="3">付款人</td><td>全称</td><td colspan="3">康华有限责任公司</td><td rowspan="3">收款人</td><td>全称</td><td colspan="12">欣欣有限责任公司</td></tr>
<tr><td>账号</td><td colspan="3">332654712</td><td>账号</td><td colspan="12">78792312002</td></tr>
<tr><td>地址</td><td>广东省广州 市/县</td><td>开户行</td><td>中国工商银行永丰支行</td><td>地址</td><td>广东省广州 市/县</td><td>开户行</td><td colspan="10">中国建设银行城北支行</td></tr>
<tr><td rowspan="2">金额</td><td colspan="6" rowspan="2">人民币（大写）壹拾万肆仟肆佰元整</td><td>亿</td><td>千</td><td>百</td><td>十</td><td>万</td><td>千</td><td>百</td><td>十</td><td>元</td><td>角</td><td>分</td></tr>
<tr><td></td><td></td><td>¥</td><td>1</td><td>0</td><td>4</td><td>4</td><td>0</td><td>0</td><td>0</td><td>0</td></tr>
<tr><td colspan="2">款项内容</td><td>购买设备款</td><td>托收凭证名称</td><td colspan="2">银行承兑汇票</td><td colspan="7">附寄单据张数</td><td colspan="6">1</td></tr>
<tr><td colspan="2">商品发运情况</td><td colspan="2">已发运</td><td colspan="15">合同名称号码　350025</td></tr>
<tr><td colspan="4">备注：

复核　　　记账</td><td colspan="2">上列款项已划回收入你方账户内。

收款人开户银行签章
20×× 年 7 月 15 日</td><td colspan="13"></td></tr>
</table>

（印章：中国建设银行股份有限公司 广州市城北支行 20××.07.15 办讫章 （3））

此联付款人开户银行做借方凭证

图 5—32　托收凭证（收款通知）

知识链接

电子汇票

电子汇票是一种新型的融资工具，它是近年来随着网络和电子技术的发展应运而生的，分为电子银行承兑汇票和电子商业承兑汇票。与传统汇票相比，其特点如下：

（1）以数据电文形式签发、流转，并以电子签名（电子印章）取代实体签章。

（2）票据安全性高，期限延长（最长票期从6个月延长至1年）。

（3）传递及保管成本低，支付结算效率高。

（4）资金融通的操作成本低。

练习题

一、单选题

1. 支票的提示付款期自出票日起（　　）天。

A. 5　　B. 10　　C. 15　　D. 20

2.（　　）是指由银行签发的，承诺自己在见票时无条件支付确定的金额给收款人或者持票人的票据。

A. 支票　　B. 银行本票　　C. 银行汇票　　D. 商业汇票

3. 下列结算方式中，只适用于同城结算的是（　　）。

A. 支票　　B. 银行本票　　C. 银行汇票　　D. 商业汇票

4. 银行主动退回多余款的结算方式是（　　）。

A. 支票　　B. 银行本票　　C. 银行汇票　　D. 商业汇票

5. 商业汇票的付款期限最长不得超过（　　）个月。

A. 3　　B. 6　　C. 9　　D. 12

6.（　　）的提示付款期限为自出票之日起 1 个月。

A. 支票　　B. 银行本票　　C. 银行汇票　　D. 商业汇票

7. 已承兑的商业汇票丧失，在挂失止付后（　　）日，也可以在票据丧失后，向人民法院申请公示催告或提起诉讼。

A. 3　　B. 5　　C. 6　　D. 10

8. 银行承兑汇票承兑手续费按票面金额（　　）计算，在银行承兑时一次付清。

A. 千分之五　B. 万分之五　C. 千分之二　D. 万分之二

9. 下列各项中，无须提示承兑的汇票是（　　）。

A. 见票后定期付款的汇票　B. 定日付款的汇票

C. 见票即付的汇票　D. 出票后定期付款的汇票

10. 根据《票据法》的规定，银行汇票的付款方式是（　　）。

A. 定日付款　B. 出票后定期付款

C. 见票即付　D. 见票后定期付款

二、多选题

1. 下列结算方式中，同城和异地均可使用的是（　　）。

A. 支票　B. 银行本票　C. 银行汇票　D. 商业汇票

2. 支票的种类分为（　　）。

A. 现金支票　B. 划线支票　C. 转账支票　D. 平行支票

3. 可用于转账的支票有（　　）。

A. 现金支票　B. 转账支票　C. 普通支票　D. 划线支票

4. 商业承兑汇票的签发人可以是（　　）。

A. 收款人　B. 付款人

C. 收款人开户银行　D. 代理付款银行

5. 可采用异地结算方式的有（　　）。

A. 支票　B. 银行本票

C. 银行汇票　D. 商业汇票

6. 按承兑人不同，商业汇票分为（　　）和（　　）。

A. 银行汇票　B. 银行承兑汇票

C. 银行本票　D. 商业承兑汇票

7. 为了核算企业商业汇票的增减变动及结余情况，企业应设置（　　）和（　　）账户进行核算。

A. 应收票据　B. 应付票据　C. 应收账款　D. 应付账款

8. 下列票据丧失时，可以挂失止付的是（　　）。

A. 支票

B. 填明“现金”字样和代理付款人的银行汇票

C. 已承兑的商业汇票

D. 填明“现金”字样的银行本票

9. 下列可以背书转让的票据是（　　）。

A. 现金支票　　B. 转账支票

C. 银行承兑汇票　　D. 商业承兑汇票

三、判断题

1. 现金支票和转账支票一样只需在支票正面加盖企业财务专用章和企业法人章。（　　）

2. 商业汇票的提示付款期限为自出票日起 1 个月。（　　）

3. 银行汇票分为银行承兑汇票和商业承兑汇票。（　　）

4. 出纳人员收到结算票据后应先审核。（　　）

5. 企业可以签发空头支票和远期支票。（　　）

6. 支票是出票人签发的，委托办理支票存款业务的银行在见票时无条件支付确定的金额给收款人或者持票人的票据。（　　）

7. 银行汇票出票金额与实际结算金额可以不一致，但实际结算金额不能大于出票金额。（　　）

8. 企业申请使用银行汇票，申请单位只能向由中国人民银行和商业银行参加“全国联行往来”的银行机构申请办理。（　　）

9. 填明“现金”字样的银行汇票可以背书转让。（　　）

四、业务题

1. 华立有限责任公司于 20×× 年 2 月 15 日签发支票一张给甲公司，金额为人民币 50,000 元。而华立有限责任公司在其开户银行账户上的存款金额为 30,000 元。20×× 年 2 月 20 日，甲公司将该支票背书转让给乙公司。乙公司于 20×× 年 2 月 28 日请求华立有限责任公司的开户行付款时遭到拒绝。请回答以下问题：

（1）华立有限责任公司的开户行拒绝付款是否合理？

（2）如果合理，理由是什么？

2. 请根据以下资料，完成商业承兑汇票填写。

（1）销售企业资料

1）企业名称：广州苏丽有限公司（增值税一般纳税人，适用税率 16%）

2）开户银行：中国工商银行广泰支行

3）账号：621535983235653

4）地址：广州市吴山路 32 号

5）法人代表：柯振祥

6）会计主管：袁建国

7）会计：景原

8）出纳：李嘉

（2）购货企业资料

1）企业名称：广州广源有限公司（增值税一般纳税人，适用税率 16%）

2）开户银行：中国建设银行景安支行

3）账号：55368778456546

4）地址：广州市小南路 125 号

5）法人代表：李斌

6）会计主管：林伟健

7）会计：贾涛

8）出纳：毕燕

20×× 年 8 月 20 日，广州苏丽有限公司销售给广州广源有限公司商品一批，增值税专用发票上注明的价款为 50,000 元，增值税 8,000 元。按照合同约定，广州广源有限公司签发并承兑一张期限为 3 个月的商业承兑汇票支付货款，如下图所示，请根据上述资料进行填写。

商业承兑汇票（存根）

出票日期（大写）　年　月　日　　　GZ5250006

<table>
<tr><td rowspan="3">付款人</td><td>全称</td><td colspan="2"></td><td rowspan="3">收款人</td><td>全称</td><td colspan="11"></td><td rowspan="7">此联由出票人存查</td></tr>
<tr><td>账号</td><td colspan="2"></td><td>账号</td><td colspan="11"></td></tr>
<tr><td>开户银行</td><td colspan="2"></td><td>开户银行</td><td colspan="11"></td></tr>
<tr><td colspan="2" rowspan="2">出票金额</td><td colspan="4" rowspan="2">人民币
（大写）</td><td>亿</td><td>千</td><td>百</td><td>十</td><td>万</td><td>千</td><td>百</td><td>十</td><td>元</td><td>角</td><td>分</td></tr>
<tr><td></td><td></td><td></td><td></td><td></td><td></td><td></td><td></td><td></td><td></td><td></td></tr>
<tr><td colspan="2">汇票到期日（大写）</td><td></td><td colspan="2">交易合同号</td><td colspan="12"></td></tr>
<tr><td colspan="3">本汇票已经承兑，到期无条件支付票款。

承兑人签章
年　月　日</td><td colspan="14">出票人签章</td></tr>
</table>

3. 根据以下资料，按要求将票据填写完整。

（1）会计主体概况

1）企业名称：广州市安恪有限公司（增值税一般纳税人，适用税率 16%）

2）地址：广州市永丰路 24 号

3）电话：020-62335565

4）纳税人识别号：91446585003227445

5）开户行：中国建设银行股份有限公司广州市永丰支行

6）账号：6224300544226811

（2）相关印章

1）预留银行印签

2）发票专用章

3）银行业务章

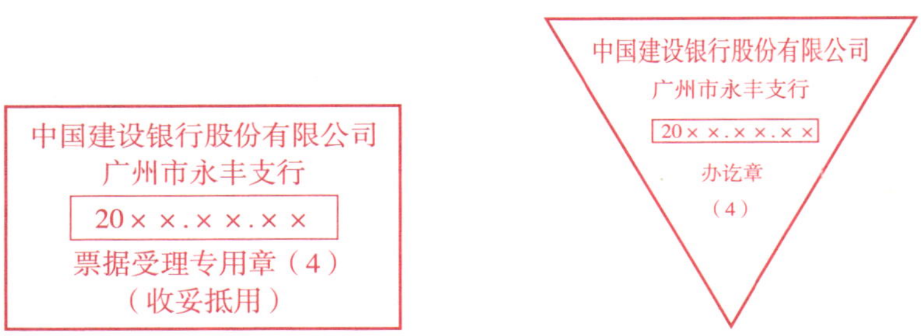

（3）业务资料

1）20××年3月1日，出纳赵菲签发 2,000 元现金支票一张以备零用，收款人为本单位。

中国建设银行现金支票存根 XI VI 6803029 附加信息 出票日期：　　年　月　日 收款人： 金　额： 用　途： 单位主管：　　会计：	本支票付款期限十天	中国建设银行　支票　（粤）　XI VI 6803029 出票日期（大写）　　年　月　日　付款行名称：中国建设银行广州市永丰支行 收款人：　　出票人账号：6224300544226811 人民币（大写） 用途： 上列款项请从 我账户内支付

附加信息：	被背书人
	背书人签章 年　月　日
身份证件名称：　　发证机关：	
号码	

（贴粘单处）

2）20×× 年 4 月 12 日，收到广州市百瑞有限公司租用本公司车辆押金 2,000 元，现将支票送存银行。

中国工商银行　支票　（粤）	BC 20	223689445

出票日期（大写）贰零 ×× 年零肆月壹拾贰日　付款行名称：工商银行广州市恩泽支行

收款人：广州市安恪有限公司　出票人账号：5565289545689

本支票付款期限十天

人民币（大写）	亿	千	百	十	万	千	百	十	元	角	分
贰仟元整					¥	2	0	0	0	0	0

用途　押金

上列款项请从

我账户内支付

出票人签章　广州市百瑞有限公司财务专用章　楚泽　宋

复核　　记账

中国建设银行进账单（回单） 1

年 月 日

<table>
<tr><td rowspan="3">出票人</td><td>全称</td><td colspan="2"></td><td rowspan="3">收款人</td><td>全称</td><td></td></tr>
<tr><td>账号</td><td colspan="2"></td><td>账号</td><td></td></tr>
<tr><td>开户行</td><td colspan="2"></td><td>开户行</td><td></td></tr>
<tr><td colspan="2">金额（大写）</td><td colspan="2">（人民币）</td><td colspan="2">金额（小写）</td><td>¥</td></tr>
<tr><td colspan="2">票据种类</td><td></td><td>票据张数</td><td></td><td colspan="2" rowspan="3">开户银行签章</td></tr>
<tr><td colspan="2">票据号码</td><td colspan="3"></td></tr>
<tr><td colspan="5">复核： 记账：</td></tr>
</table>

此联是收款人开户银行交给持（出）票人的回单

<table>
<tr><td colspan="2">附加信息：</td><td>被背书人</td></tr>
<tr><td colspan="2"></td><td rowspan="2">背书人签章
年 月 日</td></tr>
<tr><td colspan="2">身份证件名称： 发证机关：</td></tr>
<tr><td>号码</td><td></td><td></td></tr>
</table>

（贴粘单处）

3）20×× 年 7 月 25 日，将收到的广州立恒有限公司的支票背书转让给华康有限公司以归还前欠货款。

<table>
<tr><td colspan="2">**中国商业银行 支票** （粤）</td><td colspan="3">GG/02</td><td colspan="8">15228606</td></tr>
<tr><td colspan="13">出票日期（大写）贰零 ×× 年零柒月贰拾伍日　　付款行名称：广州市商业银行泰泽支行
收款人：广州市安恪有限公司　　出票人账号：5565289545689</td></tr>
<tr><td rowspan="4">本支票付款期限十天</td><td rowspan="2">人民币（大写）叁万贰仟元整</td><td>亿</td><td>千</td><td>百</td><td>十</td><td>万</td><td>千</td><td>百</td><td>十</td><td>元</td><td>角</td><td>分</td></tr>
<tr><td></td><td></td><td></td><td>¥</td><td>3</td><td>2</td><td>0</td><td>0</td><td>0</td><td>0</td><td>0</td></tr>
<tr><td>用途 货款
上列款项请从
我账户内支付
出票人签章</td><td colspan="11">复核　　记账</td></tr>
</table>

附加信息：	被背书人
	广州立恒有限公司财务专用章　张志国 背书人签章 年　月　日
身份证件名称：　　　发证机关：	
号码	

（贴粘单处）

4）20×× 年 9 月 5 日，广州立恒有限公司归还前欠货款，交来一张由广州天惠有限公司开出的支票。出纳现将支票送存银行转账。

中国工商银行　支票　（粤）　BG 02　44138869

出票日期（大写）贰零 ×× 年零玖月零伍日　　付款行名称：中国工商银行广州市恒福支行

收款人：广州市安恪有限公司　　出票人账号：5565289545689

本支票付款期限十天

人民币（大写）	亿	千	百	十	万	千	百	十	元	角	分
伍万元整				¥	5	0	0	0	0	0	0

用途　货款

上列款项请从

我账户内支付

出票人签章　　复核　　记账

附加信息：	被背书人
	广州天惠有限公司财务专用章　李建新 背书人签章 年　月　日
身份证件名称：　　　发证机关：	
号码	

（贴粘单处）

附加信息：	被背书人
	广州立恒有限公司财务专用章　志国张 背书人签章 20×× 年 10 月 5 日
身份证件名称：　　　　发证机关：	
号码	

（贴粘单处）

（粘单）

被背书人	被背书人
背书人签章 年　月　日	背书人签章 年　月　日

中国建设银行进账单（回单） 1

年　月　日

出票人	全称		收款人	全称	
	账号			账号	
	开户行			开户行	
金额（大写）	（人民币）		金额（小写）	¥	
票据种类		票据张数			
票据号码					
复核：　　记账：			开户银行盖章		

此联是收款人开户银行交给持（出）票人的回单

第六章 支付结算——其他结算

学习目标

- 了解汇兑、委托收款、托收承付、信用卡、网上支付的概念
- 熟悉常见支付结算方式的相关规定
- 掌握常见支付结算的业务流程及账务处理程序

除了票据结算以外，其他常见结算包括汇兑结算、委托收款、托收承付、信用卡以及网上支付等，也需掌握其结算方法和工作流程。

第一节　汇兑结算业务

一、汇兑的管理规定

1. 汇兑的概念

汇兑是汇款人委托银行将款项支付给异地收款单位的结算方式。汇兑根据汇款方式的不同分为信汇和电汇两种。信汇费用较低，但速度较慢；电汇速度较快，但汇款人要负担的费用相对较高。汇兑结算手续简便易行，灵活方便，是目前使用较为广泛的结算方式。

2. 汇兑结算的特点

（1）无论是信汇还是电汇结算，都没有金额起点的限制。

（2）汇兑结算是汇款人向异地收款人主动付款的一种结算方式。

（3）汇兑结算方式既可以用于单位之间的款项划拨，也可以用于单位对异地个人支付相关款项，还适用于个人对异地单位支付有关款项。

3. 汇兑的有关规定

（1）汇兑结算的申请

汇款人委托银行办理汇兑，应向银行填写信汇、电汇凭证，填明汇入地点、汇入银行名称、汇入金额以及汇款用途等各项内容，并在汇兑凭证第二联加盖预留银行印鉴。

（2）汇兑凭证的填写要求

1）汇兑凭证的内容要填写完整，必须填明收款人，否则银行不予受理。

2）信汇凭签章支取的，应在信汇凭证上预留收款人签章。

（3）转汇规定

1）转汇的收款人和汇款用途必须是原汇款的收款人和汇款用途。

2）信汇凭证第三联备注栏注明“不得转汇”的，汇入银行不予办理转汇。

汇入银行办理转汇手续，在汇款凭证上需加盖“转汇”戳记。

（4）撤汇规定

1）对汇出银行尚未汇出的款项，汇款人可以申请撤汇。

2）申请时，应出具正式函件及原信汇、电汇回单。经查明确实未汇出款项的，汇出银行需收回原汇兑回单。

（5）退汇规定

1）汇款人对汇出银行已经汇出的款项可以申请退汇。

2）在汇入行开立存款账户的收款人，汇款人与收款人自行联系退汇；未在汇入行开立存款账户的收款人，汇款人应出具正式公函及原汇兑凭证回单申请退汇，由汇出行通知汇入行，经核实方可办理退汇。

（6）收款人领取汇款的规定

1）对在汇入行已开立存款账户的收款人，汇入行会直接将款项转入收款人账户，并发出收账通知。

2）未在银行开立存款账户的收款人，凭汇兑取款通知或“留行待取”的凭单向汇入行支取款项时，必须提供本人身份证件，在汇兑凭证上注明证件名称、号码及发证机关，并在“收款人签章”处签章。

3）信汇凭签章支取的，收款人的签章必须与预留信汇凭证上的签章一致。

二、汇兑结算的业务处理

1. 汇兑结算的业务流程

汇兑结算业务流程如图 6—1 所示。

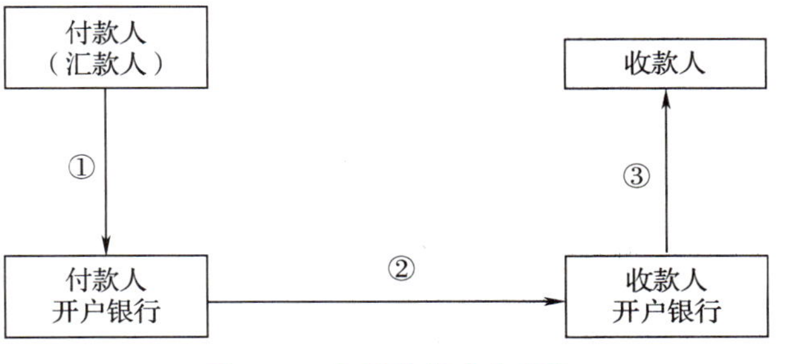

图 6—1 汇兑结算业务流程

注：①委托汇款；②划转款项；③通知收款。

注意事项如下：

采用汇兑结算方式，汇款人应填写一式四联的信汇凭证或一式三联的电汇凭证，将汇入地点、汇入银行名称、收款人名称、银行账号及汇款用途等内容填写完整。

2. 汇兑结算的账务处理

（1）付款单位的账务处理

付款单位出纳应正确填写汇兑凭证并转存汇款金额。付款人选择信汇方式的，应填写一式四联的信汇凭证提交开户银行；电汇方式则填写一式三联的电汇凭证提交开户银行。经开户行审核后在信汇凭证（回单）加盖转讫章后退回付款人，并按规定收取手续费。付款单位财会部门根据银行退回的信汇凭证（回单）编制记账凭证。

付款单位汇出款项时，根据汇款凭证回单，区别不同的情况编制记账凭证，借记有关账户，贷记“银行存款”账户。主要有以下几种情况：

1）付款单位采用汇款支付对方单位欠款，借记“应付账款”账户，贷记“银行存款”账户。

2）付款单位因购买对方产品预先支付货款，借记“预付账款”账户，贷记“银行存款”账户。

3）付款单位在采购地银行开立了临时存款账户，将款项汇往采购地的情况下，借记“其他货币资金——外埠存款”账户，贷记“银行存款”账户；收到业务部门采购员交回的发票等凭证时，借记有关账户，贷记“其他货币资金——外埠存款”账户；将多余的外埠存款转回本地银行时，根据收账通知，借记“银行存款”账户，贷记“其他货币资金——外埠存款”账户。

【业务 6—1】广州百利有限公司为增值税一般纳税人，适用税率为 16%。20×× 年 9 月 20 日，经单位领导批准采用信汇方式支付前欠湖南盛优有限公司（增值税一般纳税人，适用税率为 16%）的货款 34,800 元。信汇凭证（回单）如图 6—2 所示，手续费收费单如图 6—3 所示。付款单位账务处理如下：

借：应付账款——湖南盛优有限公司	34,800	
财务费用——手续费	17.40	
贷：银行存款		34,817.40

中国建设银行信汇凭证（回单）　　1

委托日期 20×× 年 9 月 20 日

<table>
<tr><td rowspan="5">客户填写</td><td colspan="2">业务类型</td><td colspan="2">电汇　信汇　汇票　本票</td><td>汇款方式</td><td colspan="10">普通　　加急</td></tr>
<tr><td rowspan="3">付款人</td><td>全称</td><td>广州百利有限公司</td><td rowspan="3">收款人</td><td>全称</td><td colspan="10">湖南盛优有限公司</td></tr>
<tr><td>账号</td><td>445002366624</td><td>账号</td><td colspan="10">633254886621</td></tr>
<tr><td>开户行名称</td><td>中国建设银行
广州市泰景支行</td><td>开户行名称</td><td colspan="10">中国工商银行长沙市路宁支行</td></tr>
<tr><td>金额</td><td colspan="4">人民币（大写）叁万肆仟捌佰元整</td><td>千</td><td>百</td><td>十</td><td>万</td><td>千</td><td>百</td><td>十</td><td>元</td><td>角</td><td>分</td></tr>
<tr><td colspan="5"></td><td colspan="2"></td><td></td><td></td><td>¥</td><td>3</td><td>4</td><td>8</td><td>0</td><td>0</td><td>0</td><td>0</td></tr>
<tr><td colspan="4">中国建设银行股份有限公司
广州市泰景支行
20××.09.20
办讫章
（1）
汇出行签章</td><td colspan="12">支付密码
附加信息及用途：

复核　　记账</td></tr>
</table>

此联为汇出行给汇款人的回单

图 6—2　信汇凭证（回单）

中国建设银行

邮电费、手续费、空白凭证收费单

单位名称：广州百利有限公司　　账号：445002366624　　20×× 年 9 月 20 日

<table>
<tr><td colspan="3">收费项目</td><td rowspan="2">金额</td></tr>
<tr><td>名称</td><td>数量</td><td>种类</td></tr>
<tr><td>汇款手续费</td><td>1</td><td>手续费</td><td>¥17.40</td></tr>
<tr><td></td><td></td><td></td><td></td></tr>
<tr><td colspan="3">人民币（大写）壹拾柒元肆角整</td><td>小写：¥17.40</td></tr>
<tr><td colspan="2">付款单位（签章）</td><td colspan="2">收款行（盖章）
中国建设银行股份有限公司
广州市泰景支行
20××.09.20
办讫章</td></tr>
</table>

图 6—3　手续费收费单

（2）收款单位的账务处理

收款单位出纳审核开户行转来的收账通知单，审核无误后，根据收账通知单编制相关记账凭证，并据此登记银行存款日记账。

接【业务 6—1】，信汇凭证（收账通知）如图 6—4 所示，收款单位账务处理如下：

借：银行存款　　34,800

　　贷：应收账款——广州百利有限公司　　34,800

中国工商银行信汇凭证（收账通知）4

委托日期 20×× 年 9 月 20 日

<table>
<tr><td rowspan="3">汇款人</td><td>全称</td><td colspan="3">广州百利有限公司</td><td rowspan="3">收款人</td><td>全称</td><td colspan="10">湖南盛优有限公司</td><td rowspan="3">此联为给收款人的收账通知</td></tr>
<tr><td>账号</td><td colspan="3">445002366624</td><td>账号</td><td colspan="10">633254886621</td></tr>
<tr><td>开户银行</td><td colspan="3">中国建设银行广州市泰景支行</td><td>开户银行</td><td colspan="10">中国工商银行长沙市路宁支行</td></tr>
<tr><td rowspan="2">金额</td><td rowspan="2" colspan="6">人民币（大写）叁万肆仟捌佰元整</td><td>千</td><td>百</td><td>十</td><td>万</td><td>千</td><td>百</td><td>十</td><td>元</td><td>角</td><td>分</td></tr>
<tr><td></td><td></td><td>¥</td><td>3</td><td>4</td><td>8</td><td>0</td><td>0</td><td>0</td><td>0</td></tr>
<tr><td rowspan="2" colspan="5">款项已收入收款人账户。
中国建设银行股份有限公司
广州市泰景支行
20××.09.20
办讫章
（2）
汇出行签章</td><td colspan="2">支付密码</td><td colspan="10">25645413244</td></tr>
<tr><td colspan="12">附加信息及用途：
复核：　　记账：</td></tr>
</table>

图 6—4　信汇凭证（收账通知）

第二节　委托收款业务

一、委托收款的管理规定

1. 委托收款的概念

委托收款是指收款人委托银行向付款人收取款项的结算方式。按结算款项的划回方式不同，委托收款分为邮寄和电报两种，收款人可自主选择。委托收款既可用于同城结算，也可用于异地结算，具有使用广范、方式灵活、手续简便的特点。

2. 委托收款的有关规定

（1）委托收款结算的申请

1）付款人为银行以外的单位，托收凭证必须记载付款人开户行名称。

2）收款人为银行以外的单位或在银行开立存款账户的个人，托收凭证必须记载收款人开户行名称。

3）欠缺记载的，银行不予受理。

（2）付款人承付的规定

1）付款人收到开户银行转来的托收凭证后，应于接到付款通知的当日通知银行付款。

2）付款人未在接到通知日的次日起 3 日内通知银行付款的，视同付款人同意付款；银行将于付款人接到通知日的次日起第四日上午营业时，将款项主动划给收款人。

（3）付款人无款支付的规定

1）付款人存款账户不能足额支付的，出纳应通知被委托银行向收款人发出未付款通知书。

2）收款人收到开户银行转来的有关单证和未付款通知书，应立即与付款人联系。

（4）付款人拒付的规定

1）付款人对收款人委托收取的款项需要拒绝付款的，可以办理拒绝付款。

2）以银行为付款人的，应自收到委托收款及债务证明的次日起 3 日内出具拒绝证明，将债务证明和凭证一并寄给委托银行，转交收款人。

3）以单位为付款人的，应在付款人接到通知日的次日起 3 日内出具拒绝证明，持有债务证明的，应将其送交开户银行，由开户银行一并寄给委托银行，转交收款人。

4）银行不负责审查付款单位的拒付理由。

（5）结算起点的规定

委托收款不受金额起点的限制。收款单位发生的各种应收款项，不论金额大小，只要委托，银行就受理。

（6）必须记载事项规定

1）表明“委托收款”字样。

2）确定的金额。

3）付款人名称。

4）收款人名称。

5）委托收款凭据名称及附单证张数。

6）委托日期。

7）收款人签章。

缺少上述任何一项记载的委托收款凭证，银行不予受理。

二、委托收款结算的业务处理

1. 委托收款结算的业务流程

委托收款结算业务流程如图 6—5 所示。

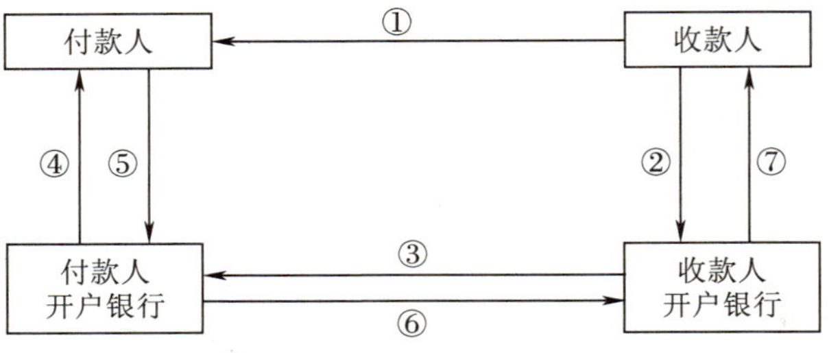

图 6—5 委托收款结算业务流程图

注：①销售商品；②办理委托收款；③传递单证；④送交单证提示付款；⑤承付或拒付款项；⑥划转款项；⑦通知入账。

注意事项如下：

收款人开户银行收到款项后，出纳从银行取回托收凭证第四联作为收账通知。

2. 委托收款结算的账务处理

（1）收款单位的账务处理

收款单位出纳审核相关原始凭证无误后，应填制一式五联的托收凭证，在第二联签章后将托收凭证和有关债务证明提交开户银行，开户银行审核后退回托收凭证（受理回单）。财会人员根据托收凭单、发票等原始凭证编制记账凭证，并据此登记银行存款日记账。

【业务 6—2】广州百利有限公司为增值税一般纳税人，适用税率为 16%。20×× 年 4 月 8 日销售给广州天籁有限公司材料一批，增值税专用发票上注明的价款为 40,000 元，税额为 6,400 元。材料已发出并办妥托收手续。20×× 年 4 月 12 日广州百利有限公司收到开户银行的收账通知，款项全部收到。增值税专用发票如图 6—6 所示，材料出库单如图 6—7 所示，托收凭证（受理回单）如图 6—8 所示，手续费收费单如图 6—9 所示，电子汇划收款补充报单如图 6—10 所示。收款单位账务处理如下：

20×× 年 4 月 8 日销售材料时：

借：应收账款——广州天籁有限公司 46,400

贷：主营业务收入——A 材料 40,000

应交税费——应交增值税（销项税额） 6,400

支付手续费时：

借：财务费用——手续费 13

贷：银行存款 13

20×× 年 4 月 12 日款项全部收到时：

借：银行存款 46,400

贷：应收账款——广州天籁有限公司 46,400

4400568556　　**广东增值税专用发票**　　№ 01115468

开票日期：20×× 年 4 月 8 日

购货单位	名称：广州天籁有限公司 纳税人识别号：914425659823131555 地址、电话：广州市广福路 46 号 85456454 开户银行及账号：中国建设银行广州市广福支行 332654712				密码区	（略）	
货物及应税劳务名称	规格型号	单位	数量	单价	金额	税率	税额
A 材料		千克	80	500.00	40,000.00	16%	6,400.00
合　计					¥40,000.00		¥6,400.00
价税合计（大写）	⊗ 肆万陆仟肆佰元整				（小写）¥46,400.00		
销货单位	名称：广州百利有限公司 纳税人识别号：9144000216558985 地址、电话：广州市泰景路 138 号 8201234 开户银行及账号：中国建设银行广州市泰景支行 445002366624				备注	广州百利有限公司 9144000216558985 发票专用章	

第一联 记账联 销货方记账凭证

收款人：　　复核：宋晨光　　开票人：王吉　　销货单位：（盖章）

图 6—6 增值税专用发票

材料出库单

20×× 年 4 月 8 日　　第 0158 号

购货单位：广州天籁有限责任公司　　发票号：01115468

编号	材料名称	规格	出库数量	单位	单价	金额：千	百	十	万	千	百	十	元	角	分
	A 材料		80	千克	500.00			¥	4	0	0	0	0	0	0
备注				库管员盖章	赵严	合计：¥40,000.00									

图 6—7 材料出库单

托收凭证（受理回单）1

委托日期 20××年4月8日

业务类型	委托收款（□邮划，☑电划）托收承付（□邮划，□电划）					
付款人	全称	广州天籁有限公司		收款人	全称	广州百利有限公司
	账号	332654712			账号	445002366624
	地址	广东省广州市	开户行 中国建设银行广福支行		地址	广东省广州市　开户行 中国建设银行泰景支行

金额	人民币（大写）	肆万陆仟肆佰元整	亿	千	百	十	万	千	百	十	元	角	分
						¥	4	6	4	0	0	0	0

款项内容	货款	托收凭证名称	增值税专用发票	附寄单据张数	2
商品发运情况	已发运	合同名称号码			
备注： 复核　　记账		款项收妥日期 年　月　日		收款人开户银行盖章 年　月　日 （中国建设银行股份有限公司 广州市泰景支行 20××.04.08 办讫章（2））	

此联为收款人开户银行给收款人的回单

图6—8　托收凭证（受理回单）

中国建设银行
邮电费、手续费、空白凭证收费单

单位名称：广州百利有限公司　　账号：445002366624　　20××年4月8日

收费项目			金额
名　称	数　量	种　类	
委托收款（电划）	1	手续费	¥13.00
人民币（大写）壹拾叁元整		小写：¥13.00	
付款单位（签章）		收款银行（盖章）（中国建设银行股份有限公司 广州市泰景支行 20××.04.08 办讫章（3））	

图6—9　手续费收费单

中国建设银行电子汇划收款补充报单

No 6743550

20××年4月12日　　凭证编号：325665

付款人	全称	广州天籁有限公司	收款人	全称	广州百利有限公司
	账号	332654712		账号	445002366624
	开户行	中国建设银行广福支行		开户行	中国建设银行泰景支行
金额（大写）		（人民币）肆万陆仟肆佰元整	金额（小写）		¥46,400.00
汇款用途：付货款			（中国建设银行股份有限公司 广州市泰景支行 20××.04.12（2）） （收款银行盖章）		
备注： 上列款项已代进账，如有误，请持此联来行商洽。					

（电脑打印，手写无效）

此联交收款人代收款通知

图6—10　电子汇划收款补充报单

若收款方到时未收到款项，收款单位可以根据拒付理由书和相关单证开具红字发票，冲减原有销售收入；若收款方收到部分款项，收款单位可以根据收账通知编制收款凭证，登记银行存款日记账。未收到部分根据拒付理由书，冲减未收部分销售收入。

（2）付款单位的账务处理

付款单位财会人员根据相关原始凭证编制记账凭证。当全部付款时，根据托收凭证（付款通知）编制付款凭证，并据此登记银行存款日记账。

接【业务 6—2】，托收凭证（付款通知）如图 6—11 所示。广州天籁有限公司账务处理如下：

20×× 年 4 月 8 日购进材料时：

借：在途物资——A 材料　　40,000

　　应交税费——应交增值税（进项税额）　　6,400

　　贷：应付账款——广州百利有限公司　　46,400

20×× 年 4 月 12 日全部付款时：

借：应付账款——广州百利有限公司　　46,400

　　贷：银行存款　　46,400

托收凭证（付款通知） 5

委托日期 20×× 年 4 月 8 日　　付款期限 20×× 年 4 月 12 日

业务类型	委托收款（□邮划，☑电划）托收承付（□邮划，□电划）				
付款人 全称	广州天籁有限公司		收款人 全称	广州百利有限公司	
付款人 账号	332654712		收款人 账号	445002366624	
付款人 地址	广东省广州市县	开户行 中国建设银行广福支行	收款人 地址	广东省广州市县	开户行 中国建设银行泰景支行
金额 人民币（大写）	肆万陆仟肆佰元整		亿 千 百 十 万 千 百 十 元 角 分	¥ 4 6 4 0 0 0 0	
款项内容	货款	托收凭证名称 增值税专用发票	附寄单据张数	2	
商品发运情况	已发运	合同名称号码			
备注： 复核　记账		收款人签章 年 月 日	中国建设银行股份有限公司 广州市广福支行 20××.04.12 票据受理专用章 付款人开户银行签章 （收妥抵用） 年 月 日		

此联为收款人开户行给付款人的付款通知

图 6—11 托收凭证（付款通知）

若付款方拒付全部款项，付款单位则会收到银行退回的“拒绝付款理由书”，不需做相关账务处理；若付款方拒付部分款项，付款单位可以根据实际拒付金额编制付款凭证，登记银行存款日记账，未收到部分不做相关账务处理。

第三节 托收承付业务

一、托收承付的管理规定

1. 托收承付的概念

托收承付也称异地托收承付，是指根据购销合同由收款人发货后委托银行向异地付款人收取款项，由付款人向银行承认付款的结算方式。托收承付按结算款项的划回方式不同，分为邮寄和电报两种，由收款人自主选择。

2. 托收承付的有关规定

（1）托收承付的结算起点

1）托收承付结算的金额起点为 10,000 元。

2）新华书店系统结算的金额起点为 1,000 元。

（2）托收承付的适用范围

1）托收承付只限于异地使用。

2）使用托收承付结算方式的收、付款单位，必须是国有企业、供销合作社以及经营管理较好并经开户银行审核同意的城乡集体所有制工业企业。

3）代销、寄销、赊销商品的款项不得办理托收承付。

4）托收承付结算必须签订合法的购销合同，并在合同中注明结算方式是托收承付。

5）收款方办理托收时，必须持有商品确已发运的证件。

6）收付双方必须重合同、守信用。

（3）付款人承付款项的规定

1）验单付款。验单付款的承付期为 3 天。付款人在承付期内未向银行表示拒绝付款，银行即视作承付，在承付期满次日主动将款项划给收款人。

2）验货付款。验货付款的承付期为 10 天。采用验货付款的，收款人必须在托收凭证上加盖明显的“验货付款”字样印章。

（4）付款人拒绝付款的规定

1）付款人拒绝付款时，必须填写“拒绝付款理由书”并签章，注明拒绝付款理由并提交证明给银行审核。

2）开户银行审核后，认为拒付理由不成立的，均不受理，应实行强制扣款。

二、托收承付结算的业务处理

1. 托收承付结算的业务流程

托收承付结算业务流程如图 6—12 所示。

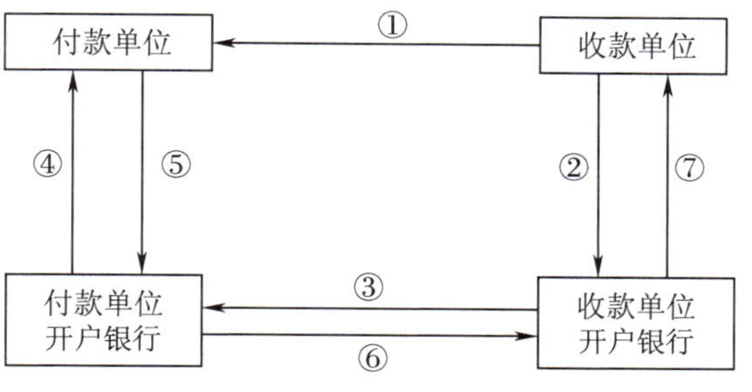

图 6—12 托收承付结算业务流程

注：①按合同规定发运商品；②办理委托收款；③传递单证；④送交单证提示付款；⑤到期承付或拒付款项；⑥划转款项；⑦通知款项收妥入账。

注意事项如下：

收款单位银行收到款项后对企业发出收账通知，若托收时收款单位选用信划方式的，则以托收凭证第四联做收账通知；若选择用电划方式的，以电子汇划收款补充报单第三联做收账通知。

2. 托收承付结算的账务处理

（1）收款单位的账务处理

收款单位办理托收后，根据银行退回的托收凭证（受理回单）及其他相关原始凭证编制记账凭证。收到货款后，收款方开户银行转来电子汇划收款补充报单，财会人员据此编制收款凭证并登记银行存款日记账。

【业务 6—3】天津恒辉集团是一家以经营重型机器设备为主的国有企业，20×× 年 10 月 21 日销售给同为国有企业的吉林德昌化工有限公司 A 型机器设备一台，开出增值税专用发票一张，注明的价款为 700,000 元，增值税 112,000 元。经双方同意签订购销合同，规定以托收承付的方式进行结算。20×× 年 10 月 30 日天津恒辉集团收到吉林德昌化工有限公司货款，开户银行转来电子汇划收款补充报单。增值税发票如图 6—13 所示，托收凭证（受理回单）如图 6—14 所示，手续费收费单如图 6—15 所示，电子汇划收款补充报单如图 6—16 所示。账务处理如下：

20×× 年 10 月 21 日销售设备时：

借：应收账款——吉林德昌化工有限公司　　812,000

　　贷：主营业务收入——A 型机器设备　　700,000

　　　　应交税费——应交增值税（销项税额）　　112,000

支付手续费时：

借：财务费用——手续费　　50

　　贷：银行存款　　50

20×× 年 10 月 30 日收到货款时：

借：银行存款　　812,000

　　贷：应收账款——吉林德昌化工有限公司　　812,000

442552002　　**广东增值税专用发票**　　№ 8665532

此联不作报销、扣税凭证使用　　开票日期：20×× 年 10 月 21 日

<table>
<tr><td>购货单位</td><td colspan="5">名　　称：吉林德昌化工有限公司
纳税人识别号：912200658852325
地　址、电　话：吉林市松柏路 205 号 65434783
开户银行及账号：中国工商银行吉林市松柏支行 536644652</td><td>密码区</td><td colspan="2">（略）</td><td rowspan="5">第一联　记账联　销货方记账凭证</td></tr>
<tr><td>货物及应税劳务名称
机器设备

合　计</td><td>规格型号
A 型</td><td>单位
台</td><td>数量
1</td><td>单价
700,000.00</td><td>金额
700,000.00

￥700,000.00</td><td>税率
16%</td><td colspan="2">税额
112,000.00

￥112,000.00</td></tr>
<tr><td>价税合计（大写）</td><td colspan="8">⊗ 捌拾壹万贰仟元整　　（小写）￥812,000.00</td></tr>
<tr><td>销货单位</td><td colspan="5">名　　称：天津恒辉集团
纳税人识别号：914365588569331
地　址、电　话：天津市人民路 18 号 5335624
开户银行及账号：中国建设银行天津市长泽支行 78792312004</td><td>备注</td><td colspan="2">天津恒辉集团
914365588569331
发票专用章</td></tr>
</table>

收款人：　　复核：　　开票人：　　销货单位（盖章）：

图 6—13　增值税销售发票

托收凭证（受理回单）1

委托日期　20×× 年 10 月 21 日

业务类型	委托收款（□邮划，□电划）托收承付（□邮划，☑电划）						
付款人	全称	吉林德昌化工有限公司		收款人	全称	天津恒辉集团	
	账号	536644652			账号	78792312004	
	地址	吉林省吉林市县	开户行：中国工商银行松柏支行		地址	天津省市县	开户行：中国建设银行长泽支行
金额	人民币（大写）捌拾壹万贰仟元整					亿 千 百 十 万 千 百 十 元 角 分	¥ 8 1 2 0 0 0 0 0
款项内容	设备款	托收凭证名称	增值税专用发票	附寄单据张数	2		
商品发运情况	已发运	合同名称号码					
备注： 复核　　记账		款项收妥日期 年　月　日		中国建设银行股份有限公司 天津市长泽支行 20××.10.21 票据受理专用章 收款人开户银行盖章 （收妥抵用）年　月　日			

此联为收款人开户银行给收款人的受理回单

图 6—14　托收凭证（受理回单）

中国建设银行

邮电费、手续费、空白凭证收费单

单位名称：天津恒辉集团　　账号：78792312004　　20×× 年 10 月 21 日

收费项目			金　额
名　称	数　量	种　类	
托收承付	1	手续费	¥50.00
人民币（大写）伍拾元整			小写：¥50.00
付款单位（签章）			收款行（盖章） 中国建设银行股份有限公司 天津市长泽支行 办讫章 20××.10.21 （3）

图 6—15　手续费收费单

中国建设银行电子汇划收款补充报单　　№ 225648456

账别：人民币　　20×× 年 10 月 30 日　　凭证编号：548

付款人	全称	吉林德昌化工有限公司	收款人	全称	天津恒辉集团
	账号	536644652		账号	78792312004
	开户银行	中国工商银行吉林市松柏支行		开户银行	中国建设银行天津市长泽支行
金额（大写）	（人民币）捌拾壹万贰仟元整		金额（小写）	¥812,000.00	
汇款用途	设备款				
备注： 上列款项已收妥，如有误，请持此联来行商洽。			中国建设银行股份有限公司 天津市长泽支行 20××.10.30 办讫章 （2） 收款银行盖章		

此联代收款通知

图 6—16　电子汇划收款补充报单

（2）付款单位的账务处理

付款单位的财会人员根据从银行取回的托收凭证第五联（付款通知）及相关原始凭证编制记账凭证。全部付款时，出纳根据托收凭证（付款通知），编制付款凭证并据此登记银行存款日记账。

接【业务 6—3】，托收凭证（付款通知）如图 6—17 所示。付款单位吉林德昌化工有限公司账务处理如下：

20×× 年 10 月 21 日购买设备时：

借：固定资产——A 型机器设备　　700,000

　　应交税费——应交增值税（进项税额）　　112,000

　　贷：应付账款——天津恒辉集团　　812,000

20×× 年 10 月 30 日全部付款时：

借：应付账款——天津恒辉集团　　812,000

　　贷：银行存款　　812,000

托收凭证（付款通知）5

委托日期　20×× 年 10 月 21 日　　付款期限 20×× 年 10 月 30 日

业务类型	委托收款（□邮划，□电划）托收承付（□邮划，☑电划）						
付款人	全称	吉林德昌化工有限公司		收款人	全称	天津恒辉集团	
	账号	536644652			账号	78792312004	
	地址	吉林省吉林市/县	开户行：中国工商银行松柏支行		地址	天津省/市/县	开户行：中国建设银行长泽支行
金额	人民币（大写）捌拾壹万贰仟元整				亿 千 百 十 万 千 百 十 元 角 分	¥ 8 1 2 0 0 0 0 0	
款项内容	设备款	托收凭证名称	增值税专用发票	附寄单据张数	2		
商品发运情况	已发运	合同名称号码					
备注： 付款人开户银行收到日期 年 月 日 复核 记账		中国工商银行有限公司 20××.10.30 结算专用章 付款人开户银行签章 年 月 日		付款人注意： 1. 根据支付结算办法，上列委托收款（托收承付）款项在付款期限内未提出拒付，即视为同意付款，以此代付款通知。 2. 如需提出全部或部分拒付，应在规定期限内，将拒付理由书并附债务证明退交开户银行。			

此联为付款人开户银行给付款人按期付款通知

图 6—17　托收凭证（付款通知）

第四节 信用卡业务

一、信用卡的管理规定

1. 信用卡的概念

信用卡是指商业银行向个人和单位发行的，凭以向特约单位购物、消费和向银行存取现金，且具有消费信用的特制载体卡片。信用卡是以非现金交易付款的方式提供信贷服务的，按使用对象不同分为单位卡和个人卡；按持卡人的信誉等级分为白金卡、金卡和普通卡等。

2. 信用卡的有关规定

（1）信用卡的申领

1）信用卡申领的对象可以分为单位和个人。单位应为在我国境内具有独立法人资格的机构、企事业单位以及个体工商户，并在中国境内金融机构开立了基本存款账户；个人必须具有相对固定的职业和稳定的收入来源。

2）申领人须填写信用卡申请表，连同有关资料一并交发卡银行。

（2）信用卡的使用范围

1）信用卡可在国内同城和异地的特约单位进行购物和消费。

2）单位卡不得用于 10 万元以上的商品交易或劳务供应款项的结算，且单位卡一律不得支取现金。

3）单位卡账户的资金一律从基本存款账户转入，不得交存现金，不得将销货收入的款项存入信用卡账户。

（3）信用卡透支的规定

1）信用卡在规定的限额和期限内允许善意透支。

2）信用卡不得恶意透支。

（4）信用卡的挂失规定

信用卡丢失后，持卡人应立即持本人身份证件或其他有效证明，向发卡行或代办行申请挂失。

知识链接

申请信用卡的途径

● 直接到银行营业厅申请。在银行营业厅申领的最大优点就是安全，客户资料有保障。但通常申领时间较慢，尤其是在支行办理时，耗时更长。

● 通过多种媒介申请。通过电话、传真、邮寄、互联网、支付宝、微信等途径申请信用卡的方法比到柜台填表的成功率低，但优点是用户资料安全，建档时间快。

● 通过银行业务员办卡。办卡业务员通常在人流量比较大的地方设点办公，或主动上门推销信用卡。这种申请信用卡的批卡率比较高，但用户资料的安全性较低。

二、信用卡结算的业务处理

1. 信用卡结算的业务流程

这里主要介绍单位卡结算的业务流程。

（1）按规定填制申请表，连同有关资料一并送交发卡银行。

（2）发卡行经审核符合条件后，申请人交纳一定金额的备用金，发卡行为申请人开立信用卡存款账户，并发放信用卡。

（3）单位出纳经领导批准后开出支票从基本账户转入资金。

（4）持卡人持卡在特约单位消费，将取得的有效原始凭证交单位财务人员进行账务处理。

2. 信用卡结算的账务处理

（1）款项转存信用卡账户

出纳将填写好的支票交开户银行，经开户银行审核无误后退回进账单（回单）给企业。财会人员根据支票存根联和进账单（回单）编制记账凭证，并据此登记银行存款日记账。

【业务6—4】20××年7月1日，广州百利有限公司出纳开出支票转存10,000元到单位信用卡账户。支票正联如图6—18所示，进账单（回单）如图6—19所示，支票存根联如图6—20所示。账务处理如下：

借：其他货币资金——信用卡存款 10,000

贷：银行存款 10,000

中国商业银行 支票	（粤）	BG 20	223689445
出票日期（大写）贰零××年零柒月零壹日 收款人：广州百利有限公司	付款行名称：中国建设银行广州市泰景支行 出票人账号：445002366624		

本支票付款期限十天	人民币（大写）壹万元整	亿	千	百	十	万	千	百	十	元	角	分
					¥	1	0	0	0	0	0	0
	用途 备用金 上列款项请从 我账户内支付 出票人签章 （广州百利有限公司 财务专用章）			复核 （建 张）				记账				

图 6—18 支票正联

中国建设银行进账单（回单）1

20××年7月1日

出票人			收款人		
全称	广州百利有限公司		全称	广州百利有限公司	
账号	445002366624		账号	57084233089	
开户银行	中国建设银行广州市泰景支行		开户银行	中国建设银行广州市泰景支行信用卡部	

金额	人民币（大写）壹万元整	千	百	十	万	千	百	十	元	角	分
				¥	1	0	0	0	0	0	0

票据种类	转账支票	票据张数	1	中国建设银行股份有限公司 广州市泰景支行 20××.07.01 票据受理专用章 收妥抵用 开户银行盖章
票据号码	0056325			
复核：		记账：		

图 6—19 银行进账单（回单）

（2）持卡消费

企业用单位信用卡消费时，财会人员根据发票、刷卡小票等原始凭证编制记账凭证，并据此登记银行存款日记账。

【业务6—5】20××年8月10日，广州百利有限公司业务员李峰持信用卡到外地出差，回单位后凭消费开具的发票报销差旅费共计2,000元。住宿费发票如图6—21所示，餐费发票如图6—22所示。账务处理如下：

中国建设银行支票存根（粤） XI VI 223689445 附加信息 出票日期：20××年7月1日
收款人：广州百利有限公司
金　额：¥10,000.00
用　途：备用金
单位主管　宋紫灵　　会计　苏合

图 6—20 支票存根联

借：管理费用——差旅费　　2,000

　贷：其他货币资金——信用卡存款　　2,000

重庆市地方税收通用发票（电子）

发票联

电子发票　手写无效

发票代码：2235682556

开票日期：20××年8月10日　　行业类别：服务业　　发票号码：0553698

付款方名称：广州百利有限公司
付款方识别号：9144000216558985
收款方名称：重庆市天汇连锁酒店有限公司
收款方识别号：915001265323277349
主管税务机关：重庆市万盛区地方税务局　　防伪码：

序号	开票项目说明	金额
1	住宿费	800.00

合计（大写）：人民币捌佰元整　　合计（小写）：¥800.00

重庆市天汇连锁酒店有限公司 915001265323277349 发票专用章

附注：
开票单位盖章：　　开票人：邓姿平

发票联 付款方付款凭证

NO：2653348-42869328

图6—21　住宿费发票

重庆市地方税收通用发票（电子）

发票联

电子发票　手写无效

发票代码：227634956

开票日期：20××年8月10日　　行业类别：餐饮业　　发票号码：0356625

付款方名称：广州百利有限公司
付款方识别号：9144000216558985
收款方名称：重庆市喜点餐饮有限公司
收款方识别号：914458223776562449
主管税务机关：重庆市万盛区地方税务局　　防伪码：

序号	开票项目说明	金额
1	餐费	1,200.00

合计（大写）：人民币壹仟贰佰元整　　合计（小写）：¥1,200.00

重庆市喜点餐饮有限公司 914458223776562449 发票专用章

附注：
开票单位盖章：　　开票人：贺欢

发票联 付款方付款凭证

NO：2523867-46832768

图6—22　餐费发票

第五节 网上支付

一、网上支付的管理规定

1. 网上支付的概念

网上支付是电子支付的一种形式。它是指电子交易的当事人，包括消费者、商户、银行或支付机构，使用电子支付手段通过信息网络进行的货币支付或资金流转。

2. 网上支付的类型

网上支付主要包括网上银行和第三方支付两种类型。

（1）网上银行

网上银行也称网络银行（网银）、在线银行或电子银行，它是银行在互联网中设立的虚拟银行柜台。银行利用网络技术，通过互联网向客户提供开户、销户、查询、对账、行内转账、跨行转账、信贷、网上证券、投资理财等传统服务项目，使客户足不出户就能够安全、便捷地管理活期和定期存款、支票、信用卡及个人投资等。

网上银行具有以下主要功能：

- 账户查询功能。企业通过网上银行可以对企业账户余额、明细账、贷款账户、支付交易、网银日志等进行查询。
- 转账结算功能。通过网上银行可以进行日常转账、支付、缴纳税费、代发代扣工资等支付，可实现不同银行账户之间的转账汇款，提高了企业结算效率，节约了一定的人工成本。
- 票据查询与管理功能。企业可以通过网上银行对票据进行查询和管理。

（2）第三方支付

第三方支付是指具备一定实力和信誉保障的独立机构，采用与各大银行签约的方式，通过与银行支付结算系统接口对接而促成交易双方进行交易的网络支付模式。我国目前的第三方支付产品主要有支付宝、微信支付、百度钱包、京东支付、中汇支付、拉卡拉、财付通、融宝、盛付通、腾付通、通联支付、易宝支付、中汇宝、快钱、国付宝、物流宝、网易宝、网银在线等。

第三方支付具有以下特点：

● 安全性相对高。用户的账户信息或信用卡信息只需要告知支付中介，无需告诉每一个消费对象的收款人，大大降低了信息失密的风险。

● 支付成本较低。作为第三方的支付中介，集中了大量的电子小额交易，形成规模效应，因而支付成本较低。

● 使用方便。作为用户，只需要进入第三方的支付界面，而不必考虑背后复杂的操作程序。

二、网上支付的业务流程

1. 网上银行业务流程

（1）办理网上银行申请

办理网上银行时，企业需要在银行开立结算账户，对账户性质是属于基本账户还是一般账户没有限制。需提交的资料包括：工商营业执照、税务登记证、组织机构代码证、法人身份证、经办人身份证以及管理员身份证。

（2）网上交易

交易时，需使用浏览器或 APP 通过互联网链接到网银中心，发出网上交易请求；网银中心接受并审核客户的交易请求，经各成员行对交易进行处理后，将处理结果返回给网银中心；网银中心对交易结果进行再处理后，返回相应信息和凭单给客户（见图 6—23）。交易时，需要对交易方的身份进行认证，包括交易密码、文件数字证书、动态口令卡、动态手机口令、移动口令牌、移动数字证书等。

中国建设银行网上银行电子回单

电子回单号码：2230-5876-9365-4430

<table>
<tr><td rowspan="3">付款人</td><td>全称</td><td colspan="2"></td><td rowspan="3">收款人</td><td>全称</td><td></td></tr>
<tr><td>账号</td><td colspan="2"></td><td>账号</td><td></td></tr>
<tr><td>开户银行</td><td colspan="2"></td><td>开户银行</td><td></td></tr>
<tr><td colspan="2">金额</td><td colspan="5">人民币（大写）：　　　¥</td></tr>
<tr><td colspan="2">摘要</td><td colspan="2"></td><td colspan="2">业务（产品）种类</td><td></td></tr>
<tr><td colspan="2">用途</td><td colspan="5"></td></tr>
<tr><td colspan="2">交易流水号</td><td></td><td colspan="3">时间戳</td><td></td></tr>
<tr><td colspan="3" rowspan="2">（电子回单章）</td><td colspan="4">备注：
支付交易序号：　报文种类：
委托日期：　业务种类：
收款人地址：　付款人地址：
指令编号：　提交人：　最终授权人：</td></tr>
<tr><td colspan="4">验证码：</td></tr>
<tr><td>记账</td><td colspan="2"></td><td>记账柜员</td><td></td><td>记账日期</td><td></td></tr>
</table>

图 6—23　网上银行电子回单

2. 第三方支付的业务流程

（1）开户申请

用户进行开户申请时，必须进行实名制认证。第三方机构应登记并采取有效措施验证客户身份基本信息，核对有效身份证件并留存有效身份证件复印件或者影印件；建立客户唯一识别编码，并在与客户业务关系存续期间采取持续的身份识别措施，确保有效核实客户身份及其真实意愿；不得开立匿名、假名支付账户。支付账户不得透支，不得出借、出租、出售，不得利用支付账户从事或者协助他人从事非法活动。

（2）账户充值

用户开户后，将银行卡和支付账户进行绑定。付款前，将银行卡中的资金转入支付账户中。

（3）收付款

客户下单付款时，通过支付平台将自己支付账户中的虚拟资金划转到支付平台暂存，待客户收到商品并确认后，支付平台会将款项划转到商家的支付账户中，支付行为完成。

交易时，支付机构要对用户的身份进行认证，可以组合选用下列三类要素：仅客户本人知悉的要素；仅客户本人持有并特有的，不可复制或者不可重复利用的要素；客户本人生理特征要素。

练习题

一、单选题

1.（　　）是指收款人委托银行向付款人收取款项的结算方式。

A. 委托收款　　B. 托收承付　　C. 汇兑　　D. 信用卡

2. 票据委托收款背书中，背书人的签章应为（　　）。

A. 财务专用章　　B. 公章

C. 财务专用章及其法定代表人签章　　D. 预留银行印鉴

3. 委托收款结算金额起点为（　　）。

A. 1,000 元　　B. 100 元

C. 10,000 元　　D. 无结算金额起点

4. 单位信用卡账户的资金可以从（　　）转入。

A. 基本存款账户　　B. 一般存款账户

C. 临时存款账户　　D. 专用存款账户

5. 要求收付款双方必须是国有企业、供销合作社以及经营管理较好并经开户银行审核同意的城乡集体所有制工业企业的结算方式是（　　）。

A. 委托收款　　B. 托收承付　　C. 汇兑　　D. 信用卡

6. 托收承付是指根据（　　）由收款人发货后委托银行向异地付款人收取款项，由付款人向银行承认付款的结算方式。

A. 买卖合同　　B. 供需合同　　C. 购销合同　　D. 委托合同

7. 在委托收款结算方式下，付款人未在接到通知日的次日起（　　）日内通知银行付款的，银行视同付款人同意付款。

A. 3　　B. 5　　C. 7　　D. 2

8. 托收承付结算每笔的金额起点为（　　）元（新华书店系统除外）。

A. 10,000　　B. 1,000　　C. 100,000　　D. 5,000

9.（　　）是以非现金交易付款的方式提供信贷服务的。

A. 汇兑　　B. 委托收款　　C. 托收承付　　D. 信用卡

10. 单位信用卡不得用于（　　）万元以上的商品交易或劳务供应款项的结算，且单位卡一律不得支取现金。

A. 5　　B. 10　　C. 15　　D. 20

11. 在托收承付方式下，验单付款和验货付款的承付期分别为（　　）天。

A. 3，5　　B. 3，10　　C. 5，10　　D. 10，10

二、多选题

1. 以下结算方式，可以用于异地结算的有（　　）。

A. 汇兑　　B. 信用卡　　C. 委托收款　　D. 托收承付

2. 以下不得办理托收承付的方式是（　　）。

A. 代销　　B. 寄销　　C. 赊销　　D. 包销

3. 第三方支付的特点主要包括（　　）。

A. 安全性较高　　B. 支付成本低

C. 使用方便　　D. 保障付款人的利益

4. 下列银行支付结算中，应当通过“其他货币资金”账户核算的有（　　）。

A. 银行汇票　　B. 银行本票　　C. 商业汇票　　D. 信用卡

5. 如果购货企业在承付期内发现（　　）情况，可向银行提出全部或部分拒绝付款。

A. 未按合同规定的到货地点发货

B. 没有签订购销合同或未注明异地托收承付结算方式购销合同

C. 验单付款，发现所列货物的品种、规格、数量、价格与合同规定不符

D. 验货付款，经查验货物与合同规定或与发货清单不符

6. 委托收款必须记载的事项有（　　）。

A. 表明“委托收款”字样　　B. 确定的金额

C. 付款人和收款人名称　　D. 委托收款凭据名称及附单证张数

E. 委托日期　　F. 收款人签章

7. 信用卡按使用对象不同分为（　　）。

A. 单位卡　　B. 个人卡　　C. 金卡　　D. 普通卡

8. 单位信用卡账户一律不得（　　）。

A. 存入现金　　B. 支取现金

C. 购买商品　　D. 存入销货款

三、判断题

1. 电汇费用较低，速度较慢；信汇速度较快，负担的费用相对较高。（　　）

2. 汇款人对汇出银行已经汇出的款项可以申请退汇。（　　）

3. 在委托收款方式下，若收款方到时未收到款项时，收款单位可以根据拒付理由书和相关单证开具红字发票，冲减原有销售收入。（　　）

4. 使用托收承付结算的收付款双方是具有法人资格的企事业单位。（　　）

5. 汇兑凭证的内容要填写完整，必须填明收款人，否则银行不予受理。（　　）

6. 收款人收到商业承兑汇票应检查汇票是否超过有效承兑期限，最长为6个月。（　　）

7. 委托收款结算方式，既可用于同城，也可用于异地，按其结算款项的划回方式不同分为邮寄和电报两种，收款人可以自行选择。（　　）

8. 在委托收款结算方式下，收款人为银行以外的单位或在银行开立存款账户的个人，托收凭证必须记载收款人开户行名称；欠缺记载的，银行不予受理。（　　）

9. 在托收承付结算方式下，收款单位银行收到款项后对企业发出收账通知，若托收时收款单位选用信划方式的，则以托收凭证第四联做收账通知。（　　）

四、业务题

1. 甲公司为增值税一般纳税人，20××年3月12日销售给乙公司一批原材料。双方签订购销合同，商定以托收承付方式结算货款，甲公司委托第三方将货物运至乙公司所在地。但由于乙公司所在地连续几天持续降雨，甲公司只好将货物运至距离乙公司20公里的地点交货，并通知乙公司到该地验收。乙公司派人将货物运回，但对甲公司的行为提出异议，并在承付期内向银行提出了部分拒绝付款。

请问：乙公司的做法是否符合规定？为什么？

2. 甲公司为增值税一般纳税人，适用税率为16%。20××年3月12日销售给乙公司一批原材料，增值税专用发票上注明的价款为6,500元，增值税额1,040元。双方签订购销合同，商定以托收承付的方式结算货款，甲公司以银行存款代垫运费500元，相关发票已转交乙公司。甲公司已向银行办妥托收手续。20××年3月18日，甲公司收到乙公司承付货款及代垫运费8,040元的收账通知。

要求：

（1）甲公司根据托收承付结算凭证回单编制相关会计分录。

（2）甲公司根据收账通知编制相关会计分录。

3. 广州市安恪有限公司 20×× 年 12 月份发生了以下经济业务（公司概况等相关资料见第五章课后练习业务题中的第三题）：

（1）9 日，收到广州百利有限公司汇付的前欠货款。

中国建设银行电子汇划收款补充报单 No.5536794

账别：人民币　　20×× 年 12 月 9 日　　凭证编号：53982

<table>
<tr><td rowspan="3">付款人</td><td>全称</td><td>广州百利有限公司</td><td rowspan="3">收款人</td><td>全称</td><td>广州市安恪有限公司</td><td rowspan="6">此联为代收款通知</td></tr>
<tr><td>账号</td><td>445002366624</td><td>账号</td><td>6224300544226811</td></tr>
<tr><td>开户行</td><td>中国建设银行广州市泰景支行</td><td>开户行</td><td>中国建设银行广州市永丰支行</td></tr>
<tr><td>金额（大写）</td><td colspan="2">（人民币）贰万陆仟伍佰元整</td><td colspan="2">金额（小写）</td><td>¥26,500.00</td></tr>
<tr><td colspan="3">汇款用途：货款</td><td colspan="3" rowspan="2">中国建设银行股份有限公司
广州市永丰支行
20××.12.09
办讫章
（2）
（收款银行盖章）</td></tr>
<tr><td colspan="3">备注：

上列款项已代进账，如有误，请持此联来行商洽。</td></tr>
</table>

（电脑打印，手写无效）

（2）13 日，购入 A 材料一批，采用电汇支付货款。

3005568289　　**北京增值税专用发票**　　No 07753285

发票联　　开票日期：20×× 年 12 月 13 日

<table>
<tr><td>购货单位</td><td colspan="5">名　　称：广州市安恪有限公司
纳税人识别号：91446585003227445
地　址、电　话：广州市永丰路 24 号 020-62335565
开户银行及账号：中国建设银行广州市永丰支行 6224300544226811</td><td>密码区</td><td colspan="2">（略）</td><td rowspan="4">第三联 发票联 购货方记账凭证</td></tr>
<tr><td colspan="2">货物及应税劳务名称
A 材料

合　计</td><td>规格型号</td><td>单位
千克</td><td>数量
1,000</td><td>单价
30.00</td><td>金额
30,000.00

¥ 30,000.00</td><td>税率
16%</td><td>税额
4,800.00

¥ 4,800.00</td></tr>
<tr><td colspan="2">价税合计（大写）</td><td colspan="7">⊗ 叁万肆仟捌佰元整　　（小写）¥ 34,800.00</td></tr>
<tr><td>销货单位</td><td colspan="5">名　　称：北京安同有限责任公司
纳税人识别号：91105246000982145
地　址、电　话：北京市朝阳区雁北路 13 号 2536511
开户银行及账号：中国建设银行北京市雁北支行 622346873326</td><td>备注</td><td colspan="2">北京安同有限责任公司
91105246000982145
发票专用章</td></tr>
</table>

收款人：　　复核：李敏　　开票人：张建伟　　销货单位：（盖章）

收　料　单

20×× 年 12 月 13 日　　　　第 15 号

供应商：北京安同有限责任公司							发票号：07753285									
编号	材料名称	规格	送验数量	实收数量	单位	单价	金额									
							千	百	十	万	千	百	十	元	角	分
	A 材料		1,000	1,000	千克	30.00			¥	3	0	0	0	0	0	0
备注					验收人盖章	邱　水	合计：¥ 30,000.00									

中国建设银行电汇凭证（回单）1

☐普通　　☐加急　　　　委托日期　　年　　月　　日

汇款人	全称		收款人	全称	
	账号			账号	
	地址	省　　市 / 县		地址	省　　市 / 县
汇出行名称			汇入行名称		
金额	人民币（大写）		亿 千 百 十 万 千 百 十 元 角 分		
			支付密码		
汇出行签章			附加信息及用途 复核　　记账		

此联为汇出行给汇款人的回单

（3）17 日，根据购销合同销售甲商品 500 件给湖南华洋有限公司，不含税单价为 35 元，商品采用托收承付邮划的结算方式。商品已发运，办妥托收手续。

655524387　　　　**广东增值税专用发票**　　　　No 44385962

此联不作报销、扣税凭证使用　开票日期：20×× 年 12 月 17 日

购货单位	名　　称：湖南华洋有限公司 纳税人识别号：91337954600023 地址、电话：长沙市鄱阳路 14 号 7756368 开户银行及账号：中国建设银行长沙市鄱阳支行 665832487425				密码区	（略）	
货物及应税劳务名称	规格型号	单位	数量	单价	金额	税率	税额
甲商品		件	500	35.00	17,500.00	16%	2,800
合　计					¥ 17,500.00		¥ 2,800
价税合计（大写）	⊗ 贰万零叁佰元整				（小写）¥ 20,300.00		
销货单位	名　　称：广州市安恪有限公司 纳税人识别号：9144044658500322 地址、电话：广州市永丰路 24 号 020-62335565 开户银行及账号：中国建设银行广州市永丰支行 6224300544226811				备注		

收款人：　　复核：李敏　　开票人：张建伟　　销货单位：（盖章）

广州市安恪有限公司 9144044658500322 发票专用章

第一联　记账联　销货方记账凭证

托收凭证　（付款通知）5

委托日期　20××年12月17日

业务类型	委托收款（□邮划，□电划）托收承付（□邮划，□电划）						
付款人	全称			收款人	全称		
	账号				账号		
	地址	省　市　县	开户行		地址	省　市　县	开户行
金额	人民币（大写）			亿 千 百 十 万 千 百 十 元 角 分			
款项内容		托收凭证名称		附寄单据张数			
商品发运情况			合同名称号码				
备注： 复核　　记账			付款人开户银行签章 20××年12月17日				

出　仓　单

20××年12月17日　　No 0042796

编号	商品名称	规格	数量	单位	单价	千	百	十	万	千	百	十	元	角	分
	甲商品		500	件	35.00			¥	1	7	5	0	0	0	0
合计								¥	1	7	5	0	0	0	0

部门主管：　　会计：　　记账：　　提货人：　　制单：邱水

（4）25日，17日办理的托收承付款项到账。

托收凭证　（收款通知）4

委托日期 20××年12月17日　　付款期限：　年　月　日

业务类型	委托收款（□邮划，□电划）托收承付（□邮划，□电划）						
付款人	全称	湖南华洋有限公司		收款人	全称	广州市安恪有限公司	
	账号	665832487425			账号	6224300544226811	
	地址	湖南省长沙市	开户行：中国建行鄱阳支行		地址	广东省广州市	开户行：中国建设永丰支行
金额	人民币（大写）贰万零叁佰元整			亿 千 百 十 万 千 百 十 元 角 分 ¥ 2 0 3 0 0 0 0			
款项内容	货款	托收凭证名称	托收承付	附寄单据张数	2		
商品发运情况	已发运	合同名称号码		58972			
备注： 复核　　记账	上列款项已划回收入你方账户内。 收款人开户银行签章 年　月　日			中国建设银行股份有限公司 广州市永丰支行 20××.12.17 办讫章 （2）			

（5）28日，销售部经理报销信用卡费用。

费 用 报 销 单

报销部门：销售部　　　　20×× 年 12 月 28 日　　　　单据及附件共 1 页

用　途	金额（元）	备注	信用卡消费
招待费用	1,000.00		
		领导审批	同意 宋琳
合　计	¥ 1,000.00　转账付讫		
金额大写：零万壹仟零佰零拾零元零角零分		原借款：/ 元	应退余额：/ 元

会计主管：张敏　　复核：王华　　出纳：张毕芃　　报销人：周吉　　领款人：

广东省地方税收通用定额发票

（印章：全国统一发票监制章 广东 国家税务总局监制）

发 票 联

发票代码　388000070426

发票号码　05268073

付款方名称：

经营项目：

1000

壹仟圆

（印章：广州市天河区食为天餐饮公司 91443000258995 发票专用章）

开票日期：20×× 年 12 月 28 日　　　　收款方（盖章）

要求：

（1）根据发生的经济业务，分析、填制原始凭证。

（2）根据原始凭证编制会计分录。